KB211119

.

송태근 목사의 기도학당

일러두기

본문의 성경은 《성경전서 개역개정판》(대한성서공회)을 주로 사용하였습니다.

주님의 뜻을 배우는 주기도문 수업

송태근 목사의
기도학당

The Lord's Prayer

송태근

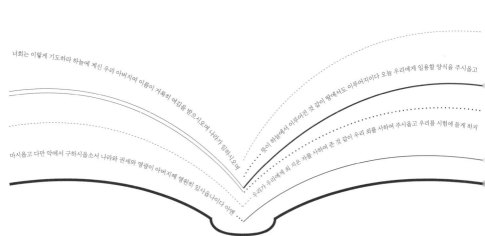

너희는 이렇게 기도하라 하늘에 계신 우리 아버지여 이름이 거룩히 여김을 받으시오며 나라가 임하시오며 뜻이 하늘에서 이루어진 것 같이 땅에서도 이루어지이다 오늘 우리에게 일용할 양식을 주시옵고 우리가 우리에게 죄 지은 자를 사하여 준 것 같이 우리 죄를 사하여 주시옵고 우리를 시험에 들게 하지 마시옵고 다만 악에서 구하시옵소서 나라와 권세와 영광이 아버지께 영원히 있사옵나이다 아멘

국제제자훈련원

기도는 거의 모든 종교가 갖고 있는 의식 중 하나입니다. 심지어 신의 존재를 믿지 않는 사람도 어려운 상황에 처하면 기도한다고 말합니다. 그렇기에 우리는 묻지 않을 수 없습니다. '기도는 다 같은 것인가? 그것이 아니라면 기독교에서 말하는 기도는 다른 종교와 어떻게 다른가?'

다행스러운 것은, 우리가 믿는 예수님이 그분의 제자들에게 아주 직접적으로 기도를 가르치셨습니다. 그것이 우리가 잘 아는 '주기도문'입니다. 그런데 여기에도 한 가지 오해가 있습니다. 사람들이 주기도문을 마치 '주문'처럼 생각하는 것입니다. 이러한 오해는 예수님이 가르치신 기도를 이방인의 중언부언하는 기도로 만듭니다.

예수님은 제자들에게 기도하는 방법을 가르치시지 않았습니다. 또는 항간에 유행하는 것처럼 기도 응답의 비결 같은 것도 말씀하시지 않았습니다. 오히려 예수님이 가르치신 것은 기도에 담겨야 할 내용이고, 그것으로부터 나오는 신앙의 자세와 태도입니다. 이 모두가 주기도문 안에 담겨 있습니다. 따라서 주기도문은 주문처럼 여길 것이 아니라 깊이 곱씹어 생각해 보아야 하는 예수님의 가르침입니다. 그리고 그러한 깨달음이 우리의 신앙생활, 특히나 기도 생활에 투영되어야 합니다.

그런 의미에서 이 책은 기도에 대한 예수님의 가르침을 좀 더 선명히 이해하고자 하는 시도입니다. 예수님의 학당에서 함께 기도를 배워나가면서 우리의 기도가 바른 방향을 향해, 더 풍성히 나아가길 소망하는 바람에서 주기도문을 강해하고자 했습니다.

이 책은 6년 전쯤에 삼일교회 성도들과 호흡을 섞으며 주기도문에 대해 나누었던 내용을 토대로 합니다. 벌써 짧지 않은 시간이 흐른 만큼 보완하고 추가해야 할 내용들이 눈에 많이 들어와서 많은 부분을 새롭게 다듬고 풀어냈습니다.

부족한 종을 위해 언제나 기도의 수고를 아끼지 않는 삼일교회 성도들께 감사의 마음을 전합니다. 또한 이 책을 기획하여 출판한 국제제자훈련원 출판부에게도 고마운 마음을 전하고 싶습니다.

이 책을 읽는 모든 독자께 사람의 말을 넘는 하나님의 지혜로 말미암아 더 깊은 기도로 나아가는 은혜가 있으시길 간절히 빕니다.

2023년 10월 청파동에서
송태근 목사

차례

들어가는 글   5

1장   **주기도문과 하나님 나라**   11
그러므로 너희는 이렇게 기도하라

2장   **우리 아버지**   23
하늘에 계신 우리 아버지여

3장   **기도의 순서를 뒤집어라**   37
이름이 거룩히 여김을 받으시오며

4장   **이미와 아직**   51
나라가 임하시오며

5장 하늘과 땅이 만나는 곳   67
뜻이 하늘에서 이루어진 것 같이
땅에서도 이루어지이다

6장 일용할 양식   83
오늘 우리에게 일용할 양식을 주시옵고

7장 용서   107
우리가 우리에게 죄 지은 자를 사하여 준 것같이
우리 죄를 사하여 주시옵고

8장 유혹과 시험   121
우리를 시험에 들게 하지 마시옵고
다만 악에서 구하시옵소서

주기도문   143

주기도문과 하나님 나라

그러므로 너희는 이렇게 기도하라

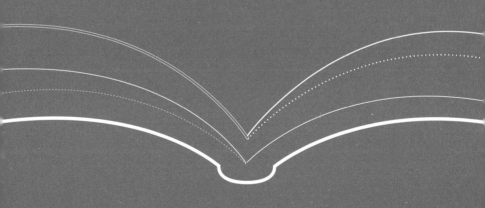

그러므로 너희는 이렇게 기도하라

하늘에 계신 우리 아버지여
이름이 거룩히 여김을 받으시오며

나라가 임하시오며
뜻이 하늘에서 이루어진 것 같이

땅에서도 이루어지이다

오늘 우리에게 일용할 양식을 주시옵고

우리가 우리에게 죄 지은 자를 사하여 준 것 같이
우리 죄를 사하여 주시옵고

우리를 시험에 들게 하지 마시옵고
다만 악에서 구하시옵소서

(나라와 권세와 영광이 아버지께 영원히 있사옵나이다 아멘)

예수님께서는 제자들에게 기도를 가르치셨습니다. 주님께서 가르치신 그 기도는 '주기도문'이라는 이름이 붙여져서 오늘날까지 교회에 전수되고 있습니다. 그래서 세례 교인이라고 한다면 필수적으로 암송해야 할 내용이 사도신경, 십계명과 더불어 주기도문입니다. 그만큼 주기도문은 우리의 신앙생활에 있어서 매우 중요한 기준입니다. 따라서 주기도문에 담겨 있는 뜻을 잘 이해하는 것이 중요합니다.

어린 시절부터 신앙생활을 해온 분들은 주기도문을 워낙 많이 암송하다 보니 거의 주문처럼 외우기 쉽습니다. 그러나 주님은 제자들에게 기도를 가르치셨을 때 그런 목적으로 주신 것이 아닙니다. 오히려 기도문의 한 문장 한 문장에 담겨 있는 뜻을 잘 살펴서 우리 기도의 방향, 더 나아가 신앙생활과 인생의 방향을 삼으라는 데 목적이 있습니다.

사실 주기도문은 '기도문'이라고 하기에는 상당히 짧은 편에 속합니다. 매우 간결하고 단순한 구조로 되어 있습니다. 사람들은 미사여구를 좋아하기에 수사적이고 아주 멋진 말로 기도해야 좋은 기도가 된다고 생각하기 쉽습니다. 소위 대표기도를 할 때 그런 경우를 많이 봅니다. 왠지 유창해야 하고 거창한 표현을 써야 한다는 압박을 느끼는 분들이 많습니다. 주님이 몇 페이지에 걸친 기도문을 주셨더라면 어땠을까요? 아마도 그것을 외우느라 적지 않은 괴로움을 겪었을 것입니다. 그러나 주님께서 가르치신 기도는 간결하고 담백합니다. 주님은 우리에게 복잡한 기도문이 아니라 매우 단순한 기도를 주셨습니다. 그런데도 주기도문은 중요한 내용이 빠짐없이 들어있는 매우 밀도 높은 기도문입니다.

먼저 우리는 주기도문에 담긴 간구를 살펴보기에 앞서, 주님께서 왜 기도를 가르치셨는지 생각해 볼 필요가 있습니다. 주기도문은 마태복음 6장과 누가복음 11장 두 곳에서 소개됩니다. 이 두 곳에 소개된 기도문은 약간씩 표현이 다르고, 무엇보다 기도문이 위치한 맥락도 다릅니다.

마태복음에는 5장부터 시작되는 산상수훈의 맥락 안에 주기도문이 있다는 사실을 염두에 두어야 합니다. 산상수훈은 하나님 나라에 속한 백성들의 삶에 관한 예수님의 가르침입니다. 그러한 가르침 가운데 기도가 위치해 있다는 것은 어떤 의미가 있겠습니까? 먼저는 이 기도 안에 새로운 하나님 나라의 본질이 담겨있음을 생각해야 합니다. 또 다른 중요한 측면으로는 새로운 나라의 백성으로서 살아가기 위해서는 하나님의 능력과 보호가 절대적이라는 것을 보여줍니다.

반면, 누가복음 11장에 있는 주기도문은 마태복음과는 조금 다른 맥락에 위치해 있음을 알 수 있습니다. 누가복음 9장에서 예수님은 열두 제자를 부르시고 그들에게 모든 능력을 주셔서, 하나님 나라를 전파하며 치유하는 사역을 위해 내보내십니다. 그리고 10장에서는 칠십 인을 세우셔서 그들을 파송하시고 하나님 나라를 선포하게 하십니다. 이처럼 누가복음에 나오는 주기도문의 위치는 하나님 나라를 전파할 일꾼들의 사명과 연속성 상에 있음을 알 수 있습니다.

그런데 두 맥락에는 차이점뿐만 아니라 분명한 공통점도 있다는 사실에 주목해야 합니다. 바로 예수님께서 이 땅에 가져오신 '하나님 나라'입니다. 마태복음의 주기도문이 하나님 나라의 질서라는 맥락에서 주어졌다면, 누가복음은 하나님 나라가 능력있게 실질적으로 나타나는 사역의 현장이라는 맥락에서 주어졌습니다. 예수님께서 가져오신 하나님 나라는 이전의 모든 세상 질서를 새롭게 한다는 데 특징이 있습니다. 예수님 안에서 이전의 가치관, 종교관, 윤리관은 모두 새로워져야 합니다. 으레 해왔던 것들일지라도 새로운 기준에 따라 새롭게 이해되고 표현되어야 합니다. 기도도 마찬가지입니다.

예컨대, 마태복음 6장에 기도에 관한 가르침에는 구제와 금식에 대한 가르침이 함께 등장합니다. 이것들은 당시 경건함을 자부하던 사람들이 외적으로 자신의 신앙과 경건을 표현하는 중요한 수단이었습니다. 그런데 예수님은 기도와 구제, 금식에 새로운 질서와 원리를 부여하십니다. 이전에 그것들을 행하던 동기가 새로워져야 하고 내용과 방식도 새로워져야 한다고 말씀하십니다.

그렇다면 누가복음 11장은 어떠할까요? 누가복음에서는 주기도문의 가르침이 한 제자의 요청에 의해 시작된다는 특징이 있습니다. 예수님께서 한 곳에서 기도하기를 마치셨을 때, 한 제자가 예수님께 여쭙습니다. "주여 요한이 자기 제자들에게 기도를 가르친 것과 같이 우리에게도 가르쳐 주옵소서"(눅 11:1). 예수님은 이 제자의 요청에 응답하시면서 기도를 가르쳐주신 것입니다. 여기서 한 제자가 말한 요한은 '세례 요한'을 가리킵니다. 성경에 기록된 바는 없지만, 세례 요한이 그의 제자들에게 어떻게 기도해야 하는지를 가르쳤던 것 같습니다. 그래서 이 제자는 예수님 버전의 기도문도 가르쳐 달라고 요청한 것입니다.

그런 의미에서 보면 적어도 이 문맥에서 예수님이 가르치신 기도는 세례 요한이 가르친 기도의 새로운 대안으로써 제시된 것이라고 해도 무리는 아닐 것입니다. 요한은 예수님의 길을 예비한 사자였습니다. 그래서 예수님은 "여자가 낳은 자 중에 요한보다 큰 자가 없도다"(눅 7:28)라고 말씀하셨습니다. 그런데 우리는 그 뒤에 하신 말씀에 주목해야 합니다. "그러나 하나님의 나라에서는 극히 작은 자라도 그보다 크니라." 무슨 뜻입니까? 세례 요한은 분명 위대한 선지자였지만, 아직 새로운 하나님 나라의 도래를 완전히 경험하지는 못했습니다. 그러나 예수님께서 부르신 제자들은 예수님 안에서 그 나라의 능력을 맛보고 있는 사람들이자, 그 나라를 선포하는 이들로 부름받았습니다. 그래서 예수님은 이렇게 말씀하십니다. "제자들을 돌아 보시며 조용히 이르시되 너희가 보는 것을 보는 눈은 복이 있도다 내가 너희에게 말하노니 많은 선지자와 임금이 너희가 보는 바를 보고자 하였으되 보지 못하였으며 너희가 듣는 바를 듣고자 하였으되 듣지 못하였느니라"(눅 10:23-24). 다시 말해, 예수님이 가져오신 하나님 나라는 많은 선지자와 임금들이 고대했던 바입니다. 세례 요한도 그중 하나였습니다. 그러나 그들은 그것을 보고 경험하지는 못했습니다. 그들에게 주어진 역할이 거기까지였기 때문입니다. 하지만 예수님께서 부르신 제자들, 더 나아가 교회는 예수님 안에서 그것을 보고 경험하고 있습니다.

그렇기에 예수님께서 가르치신 기도는 세례 요한까지의 기도와는 다른 새로운 차원의 기도입니다. 하나님 나라의 새로운 질서를 담고 있는 기도입니다. 무엇보다 그 나라를 가져오신 예수님으로 인해 가능해진 기도이며, 예수님 안에서만 할 수 있는 기도입니다.

우리는 그토록 많은 사람이 고대했던 하나님 나라를 이 기도 안에서 발견할 수 있습니다. 하나님 나라가 가져온 완전히 달라진 질서와 새로운 원리를 이 기도를 통해 배우고 날마다 곱씹으며, 우리가 달려갈 길이 어디인지 헤아리게 되는 것입니다.

그뿐만 아니라 우리는 이 기도 안에서 그 나라의 능력을 경험할 수 있습니다. 누가복음에 있는 주기도문이 하나님 나라의 선포 사역이라는 맥락 안에서 제시되고 있다는 사실을 다시 떠올려 보십시오. 이 기도는 단순히 경건 생활을 위해 주어진 것이 아닙니다. 주님께서 맡기신 사명을 감당할 수 있도록 우리에게 실질적인 능력을 가져다주는 기도입니다. 그러므로 우리는 주기도문으로 더욱 많이 기도해야 합니다. 단순히 외워서 하는 기도로써가 아니라 그 기도에 담긴 하나님 나라의 질서와 원리, 그 비전을 바라보면서 기도해야 합니다.

주기도문은 우리의 묵은 생각을 새롭게 합니다. 이 땅의 질서에 매여 있는 우리의 관성을 벗어나 하나님 나라를 바라보게 합니다. 그리고 하나님 나라를 이 땅에 가져오신 분이자, 그 나라 자체이신 예수 그리스도를 바라보게 합니다. 예수님께서 우리를 부르신 소명의 자리를 깨닫게 합니다. 우리가 그 자리에서 하나님 나라를 선포하고 나타낼 수 있는 능력을 간구하는 것에까지 나아가게 합니다.

✳ 기도

주님, 하나님 나라의 꿈을 담은 주기도문을 제대로 기도할 수 있는 인생이 되기를 원합니다. 은혜를 새롭게 하여 주옵소서.
뿐만 아니라 주님께서 가르쳐주신 기도를 통해, 주님이 기뻐하시는 올바른 기도를 올려드리는 인생이 되게 하여 주옵소서.
예수님의 이름으로 기도드립니다. 아멘.

✳ **Remind Note** ✳

읽은 내용을 기억하며 밑줄에 나의 생각을 정리해 봅시다.

1. 나는 기도할 때 ....
....

2. 나에게 기도는 ....
....

3. 하나님 나라는 ....
....

4. 내 삶의 방향은 ....
....

그러므로 우리는 주기도문으로
더욱 많이 기도해야 합니다.
단순히 외워서 하는 기도로써가 아니라
그 기도에 담긴 하나님 나라의 질서와 원리,
그 비전을 바라보면서 기도해야 합니다.

2장

우리 아버지

하늘에 계신 우리 아버지여

마태복음 6장 9~13절

그러므로 너희는 이렇게 기도하라

하늘에 계신 우리 아버지여

이름이 거룩히 여김을 받으시오며

나라가 임하시오며
뜻이 하늘에서 이루어진 것 같이

땅에서도 이루어지이다

오늘 우리에게 일용할 양식을 주시옵고

우리가 우리에게 죄 지은 자를 사하여 준 것 같이
우리 죄를 사하여 주시옵고

우리를 시험에 들게 하지 마시옵고
다만 악에서 구하시옵소서

(나라와 권세와 영광이 아버지께 영원히 있사옵나이다 아멘)

주기도문은 "하늘에 계신 우리 아버지"라는 어구로 시작합니다. 헬라어 어순을 그대로 따르자면 '우리의 아버지, 하늘에 계신' 입니다. 누가복음에서는 마태복음과 달리 '하늘에 계신'이라는 표현이 생략되었지만, 어쨌든 마태복음과 누가복음에서 주기도문의 시작은 모두 '아버지'입니다.

바로 여기에 주기도문이 갖고 있는 놀라운 특징이 있습니다. 이것은 예수님께서 하시는 기도, 그리고 우리가 드리는 기도가 '아버지'께 올려지고 있다는 것을 보여줍니다. 우리는 기도하면서 '하나님' 또는 '주님'을 찾습니다. 그런데 예수님이 우리에게 기도를 가르쳐주실 때 첫마디는 '아버지'입니다. 이것은 무엇을 의미합니까? 지금 우리는 멀리 떨어져 있는 분,

하늘 높은 곳에 계셔서 우리가 어렵게나마 닿을 수 있을까 말까 한 분에게 기도하는 것이 아님을 보여줍니다. 또한 마태복음에서는 아버지라는 단어 앞에 '하늘에 계신'이라는 수식어가 붙어 있지만, 그것은 거리감을 나타내기보다는 오히려 하늘의 능력과 권세를 땅에 베푸시는 분이라는 사실을 더욱 강조합니다.

다시 말해, 주님께서 가르쳐주신 기도의 첫마디는 우리가 간구하는 대상, 우리의 기도를 들으시고 그 기도에 응답하시는 분이 우리의 아버지라는 관계 설정을 하는 것입니다. 많은 유대인이 기도했지만, 그들은 하나님의 이름을 부르는 것을 굉장히 조심스러워했습니다. 그래서 성경을 필사한 사본 학자들은 여호와 혹은 하나님이라는 이름이 등장할 때마다 목욕재계하여서 경건한 몸과 마음으로 그분의 이름을 기록하려고 애썼습니다. 그런데 예수님께서는 그 높고 거룩하신 하나님이 예수님과 그분을 따르는 제자들의 아버지가 되심을 기도를 통해 보여주십니다.

물론 아버지도 어려운 분입니다. 특별히 고대 유대 사회는 가부장적 사회였습니다. 아버지는 권위를 가지고 있었고, 자식들에게 엄한 존재였습니다. 자녀들을 바른길로 인도해야 할 책임이 아버지에게 있었습니다. 그렇기에 우리가 "아버지~"라고 부르며 기도한다고 해서 하나님을 쉽고 가볍게 생각하라는 의미가 될 수는 없습니다. 그분을 향한 존경심과 경외심은 조금도 흐트러질 수 없습니다.

그러나 아버지는 자녀가 안길 수 있는 품입니다. 자녀가 의지할 수 있는 보루입니다. 아버지이기 때문에 우리가 당당히 간구할 수 있습니다. 자녀의 필요에 관심을 가져달라고, 또 그 필요를 채워달라고 요청할 수 있습니다. 그렇습니다. 예수님이 주기도문의 첫 마디를 통해 우리에게 가르쳐주시는 것이 이것입니다. 우리는 미지의 신에게 기도하지 않습니다. 바울이 찾았던 아덴의 어떤 사람들은 '알지 못하는 신'에게 경배했습니다. 오늘날 종교가 없는 사람들도 "기도합니다"라는 표현을 사용하곤 합니다. 그런데 기도에 있어서 가장 중요한 것은 그 대상입니다. 나의 기도가 정말 의미가 있는 기도인지, 아니면 자기 최면에 불과한 것인지는 그 대상에 달려있습니다. 우주가 나를 도와주는 것이 아닙니다. 자연에 깃든 기운이 내 기도를 듣거나 나의 삶에 관심을 가질 수 없습니다. 하나님만이 그렇게 하실 수 있습니다. 그런데 그런 하나님께서 우리 아버지이심을 가르쳐주십니다.

이것으로 된 것 아닙니까? 하늘의 하나님이 우리 아버지이신데, 걱정할 것이 있을까요? 염려할 것이 있을까요? 모든 만물이 우리 아버지의 손에 달려 있다면, 자녀 된 우리가 조급해할 일이 있겠습니까? 그래서 예수님은 말씀하십니다. "너희가 악한 자라도 좋은 것으로 자식에게 줄 줄 알거든 하물며 하늘에 계신 너희 아버지께서 구하는 자에게 좋은 것으로 주시지 않겠느냐"(마 7:11). 짐승도 자기 새끼를 챙기고, 악한 사람이라 할지라도 자기 자녀에 대해서만큼은 끔찍이 생각하는 것을 보곤 합니다. 하물며 하나님께서 자녀들의 간구를 물리치시겠습니까? 그 자녀의 앞길을 가장 선한 곳으로 인도하시지 않겠습니까?

　사실 저는 아버지가 8살 때 돌아가셨기에 아버지와의 추억도 없고 함께했던 시간도 별로 없습니다. 그래서 하나님 아버지에 대해 이해할 때, 참 많은 어려움을 겪었습니다. 그런데 자식을 낳고 보니 이제는 조금 알겠습니다. 우리를 향하신 하나님 아버지의 마음이 어떤 것임을 조금은 헤아리게 됩니다. 하나님은 멀리 계신 분이 아니라 우리 가까이에서 우리의 기도를 듣고 계시는 우리의 아버지이십니다. 그렇기에 주님은 그 아버지를 부르며 아버지가 계신 기도의 자리로 나아갈 것을 말씀하십니다.

우리

아버지라는 단어 앞에는 수식어가 있습니다. 바로 '우리'입니다. 이 단어는 아버지라는 단어만큼이나 중요합니다. 왜냐하면 우리가 주기도문을 쉽게 할 수 없는 이유가 바로 너의 하나님, 너의 아버지가 나의 아버지가 되는 것이기 때문입니다. 또한 나의 아버지가 너의 아버지가 되는 것입니다. 이것은 무슨 말일까요? 삼단논법에 의해 우리는 필연적으로 형제라는 뜻입니다. 그냥 이웃이 아닙니다.

요한복음 19장에서 예수님은 십자가에 달리신 그 순간에 새로운 가족 공동체를 정의하셨습니다. 혈연에게 어머니를 부탁하지 않으시고 사랑하는 제자에게 "네 어머니라"(요 19:27)라고 하셨고 어머니에게는 "아들이니이다"(요 19:26)라고 하셨습니다. 이렇듯 그리스도의 죽음 밑에서 새로운 가족 공동체가 탄생한 것입니다. 그렇기에 우리가 적어도 주기도문의 첫머리를 열 수 있고 더운 입김으로 기도할 수 있으려면, 우리는 형제끼리 불목하고 반목한 상태에서는 절대 이 기도를 드릴 수 없습니다.

물론 마태복음과 달리 누가복음에는 아버지를 수식하는 '하늘에 계신'이라는 표현과 '우리의'라는 표현이 빠져 있습니다. 그렇다고 해서 주기도문이 갖고 있는 공동체에 대한 강조가 없는 것은 아닙니다. 왜냐하면 누가복음에서 예수님께 기도를 가르쳐주실 것을 요구했던 제자가 '우리에게' 가르쳐주실 것을 요구했고 예수님도 '너희는' 이렇게 기도하라고 말씀하시면서, 이 기도가 한 개인의 기도이기보다는 제자 공동체 전체의 기도라는 것을 분명하게 나타내주셨기 때문입니다.

따라서 우리는 주기도문으로 기도할 때마다 이 기도가 가지고 있는 관계의 특징을 잘 기억해야 합니다. 먼저는 하늘에 계신 하나님 아버지와의 수직적인 관계이고, 그다음으로는 '우리'라고 하는 제자 공동체, 더 정확히는 한 하나님 아버지를 섬기는 가족 공동체라는 관계를 인식해야 합니다. 그럴 때 우리의 기도는 바른 방향으로 나아갈 수 있습니다.

오늘날 극도로 개인주의화 되어가고 있는 사회에서 이 표현은 우리의 시선을 넓혀주는 역할을 합니다. 사람은 결코 '나 혼자' 살지 않습니다. 무엇보다 하나님 나라 안에 들어와서 그 나라를 꿈꾸며 사는 사람은 더욱 그렇습니다. 때로는 사람들과 부대끼는 것이 힘들어서 혼자 신앙생활 하면 좋겠다는 생각이 들 때가 있는 것이 사실입니다. 아무도 신경 쓰지 않고 하나님만 바라보며 살고 싶다는 마음이 간절합니다. 그러나 주님께서 가르쳐주신 기도는 우리의 좁아진 마음을 넓혀줍니다. 비록 이 땅의 교회가 불완전하고 흠과 연약함이 많지만, 그래도 나 혼자가 아니라 '우리'를 주님을 섬기는 공동체로 부르셨다는 사실을 다시금 깨닫게 합니다. 그렇게 우리는 '우리 아버지'를 부르면서, 다른 형제자매를 위해 함께 기도하게 되는 것입니다.

하늘에 계신

끝으로 이 장을 마무리하면서 '하늘'에 대해 생각해 보고자 합니다. 특별히 마태복음에서 하나님을 '하늘에 계신 분'으로 묘사하고 있다는 것이 중요합니다. 우리가 잘 아는 것처럼, 마태복음에는 '하나님 나라'라는 표현보다는 '하늘나라' 혹은 '천국'이라는 표현이 빈번하게 등장합니다. 예전에는 이것을 다음과 같이 설명하는 경우가 많았습니다. 마태복음의 독자들이 유대인이었기 때문에 하나님을 직접 거명하는 것이 부담스러워서 '하늘'이라는 은유적 표현으로 나타냈다는 것입니다.

그런데 최근에는 다른 방식으로 설명하는 학자들이 늘어나고 있습니다. '하늘'은 '땅'과 대비되는 개념입니다. 주기도문에서도 "뜻이 '하늘'에서 이루어진 것 같이 '땅'에서도 이루어"지길 간구하라고 하셨습니다. 다시 말해, 하늘의 뜻과 원리가 땅에서도 임하길 기도하라는 것입니다. 이것은 다름 아닌 하나님 나라, 하나님의 통치를 구하는 기도입니다. 그런데 하늘에 계신 하나님의 뜻이 이루어지는 것이기에 "하늘의 뜻이 이뤄진다", "하늘의 나라다"라고도 표현할 수 있을 것입니다. 이렇듯 마태는 하늘과 땅을 하나의 연결된 공간으로, 특별히 이 땅이 하늘에 계신 하나님의 지배와 다스림을 받아야 하는 공간으로 묘사하는 경향이 있습니다. 우리가 잘 아는 마태복음 28장의 대위임령에서 예수님은 다음과 같이 말씀하십니다. "하늘과 땅의 모든 권세를 내게 주셨으니"(마 28:18). 예수님은 하늘 아버지의 뜻뿐만 아니라 그분의 권세를 받아 이 땅을 통치하시는 분이라는 의미입니다.

앞서 살펴보았듯이 우리의 아버지이신 하나님이 하늘에 계신다는 것은 단지 그분이 높으신 분이라는 사실만 드러내는 것이 아닙니다. 오히려 하늘은 땅에 연결되어 있고, 마침내 하늘의 질서가 땅에도 임하는 것이 하나님 나라, 천국입니다. 우리 아버지가 하늘에 계신다는 사실은, 이 땅에 발을 디디며 사는 아버지의 자녀들이 하늘 아버지의 다스림에 긴밀하게 연결되어 있어야 한다는 사실을 깨우쳐 줍니다. 그러므로 우리는 하늘에 계신 아버지께 구할 때마다 하늘의 뜻을 사모하고 하늘의 권세를 가지신 예수 그리스도의 통치가 이 땅에, 우리의 현실에 임하기를 간절히 바라게 되는 것입니다. 그것은 우리가 다음 장에서 더 구체적으로 살펴볼 '나라가 임하시오며'의 의미이기도 합니다.

✳ 기도

우주만물을 창조하시고 통치하시는 놀라우신 하나님께서 우리의 아버지가 되어주심에 감사합니다.

하나님 아버지, 이 시간에 부모님을 향한 마음은 있지만 표현하지 못하는 부족한 자식으로서, 또한 우리에게 귀한 선물로 주신 하나님의 기업인 자녀들과 미래의 우리를 위해 기도합니다.

우리가 주님의 마음으로 우리 곁에 있는, 그리고 미래에 있는 사람들에게 주님의 사랑을 전하는 자가 되게 하여 주옵소서.

예수님의 이름으로 기도드립니다. 아멘.

✳ **Remind Note** ✳

읽은 내용을 기억하며 밑줄에 나의 생각을 정리해 봅시다.

1. 아빠라는 단어를 떠올리면

                                                   .

2. 하나님을 아버지라고 부를 때

                                                   .

3. 나는 기도를

                                                   .

4. 하나님은

                                                   .

주님께서 가르쳐주신 기도는
우리의 좁아진 마음을 넓혀줍니다.
비록 이 땅의 교회가 불완전하고
흠과 연약함이 많지만,
그래도 나 혼자가 아니라 '우리'를
주님을 섬기는 공동체로 부르셨다는 사실을
다시금 깨닫게 합니다.

3장

기도의 순서를 뒤집어라

이름이 거룩히 여김을 받으시오며

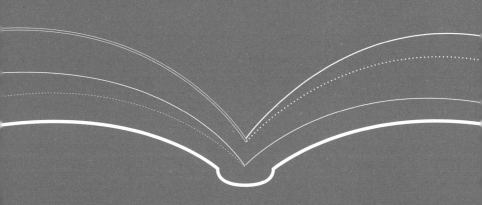

마태복음 6장 9~13절

그러므로 너희는 이렇게 기도하라

하늘에 계신 우리 아버지여

이름이 거룩히 여김을 받으시오며

나라가 임하시오며
뜻이 하늘에서 이루어진 것 같이
땅에서도 이루어지이다

오늘 우리에게 일용할 양식을 주시옵고

우리가 우리에게 죄 지은 자를 사하여 준 것 같이

우리 죄를 사하여 주시옵고

우리를 시험에 들게 하지 마시옵고
다만 악에서 구하시옵소서

(나라와 권세와 영광이 아버지께 영원히 있사옵나이다 아멘)

주기도문에는 여섯 가지 청원이 있습니다. 그것을 구분해 보면 첫 번째는 "이름이 거룩히 여김을 받으시오며" 두 번째는 "나라가 임하시오며" 세 번째는 "뜻이 하늘에서 이루어진 것 같이 땅에서도 이루어지이다" 입니다. 여기까지가 하나님을 향한 기도입니다.

네 번째는 "오늘 우리에게 일용할 양식을 주시옵고" 다섯 번째는 "우리가 우리에게 죄 지은 자를 사하여 준 것 같이 우리 죄를 사하여 주시옵고" 여섯 번째는 "우리를 시험에 들게 하지 마시옵고 다만 악에서 구하시옵소서"이며, 이 세 가지는 인간의 필요를 간구하는 기도입니다.

"나라와 권세와 영광이 아버지께 영원히 있사옵나이다"는 송영에 해당하는데, 마태복음에만 등장합니다. 그런데 이 부분은 괄호 안에 들어있고, 성경 각주에는 "고대 사본에, 이 괄호 내 구절이 없음"이라는 설명이 달려있습니다. 즉, 이 내용을 포함하고 있지 않은 사본들이 많기 때문에 이 내용이 원래는 없었다가 후에 더해졌을 가능성이 있다는 의미입니다. 아마도 주기도문은 초기 교회에 공동체 모임 등에서 사용되었을 것입니다. 그리고 모임에서 사용하다 보니 기도문 끝에 송영이 들어가는 것은 자연스러운 일이었을 것입니다. 그렇게 어느 정도 형태가 굳어졌기 때문에, 어떤 성경 필사자들이 이 부분을 기록하면서 무의식중에 혹은 의도적으로 덧붙였을 가능성이 있습니다. 다시 말해, 이 송영은 예수님께서 직접 말씀하시지 않았을 가능성이 높지만, 초기 교회의 고백과 반응이 담겨있다고 이해해도 좋겠습니다.

이렇듯 주기도문은 여섯 개의 청원으로 구성되는데, 앞의 세 개가 대신관계의 기도라면 나머지 세 개는 대인관계의 기도입니다. 그런데 사실 우리는 수많은 시간과 경우에 그리고 수많은 현장에서 기도하지만, 늘 먼저 하게 되는 것은 나의 절실함이나 필요입니다. 이는 우리 모두가 크게 다르지 않을 것이라 생각합니다. 자기의 절실함과 어떤 다급함 내지는 필요가 기도 속에 먼저 나오는 것은 당연합니다.

그러나 우리는 주기도문을 통해 무엇을 먼저 구해야 하는

지를 배웁니다. 그리고 인간의 본성은 당장의 필요에 집중되어 있지만 하나님은 그것을 뒤집어 놓기를, 정확히는 바로 잡기를 원하십니다. 다시 말해, 과연 우리 삶의 방향이 제대로 되어 있는지, 옳은 길을 가고 있는지를 점검하려면 우리의 기도를 보면 됩니다. 우리 기도의 일 순위가 오로지 나의 필요와 관심에 집중되어 있다고 생각해 봅시다. 그 기도는 염려로 가득 차 있는 기도일 것입니다. 그러나 주님은 우리가 염려로부터 구하기를 원하지 않으십니다. 걱정과 불안 가운데 하는 간구가 아니라 하늘 아버지에 대한 확신 가운데서 기도하기를 원하십니다.

주님께서 가르쳐 주신 기도는 우리의 필요가 아니라 하나님 아버지의 뜻으로부터 출발합니다. 이것은 우리의 필요가 철저히 무시되어야 한다는 의미가 아닙니다. 당연히 우리의 필요를 위해서도 기도해야 합니다. 그러나 그것이 기도의 궁극적 목적과 목표가 되어서는 안 된다는 뜻입니다. 우리 삶의 목적이 먹는 것과 마시는 것, 입는 것의 문제에 매몰되지 말아야 하는 이유와 같습니다. 그래서 주님은 말씀하십니다. "그러므로 염려하여 이르기를 무엇을 먹을까 무엇을 마실까 무엇을 입을까 하지 말라 이는 다 이방인들이 구하는 것이라 너희 하늘 아버지께서 이 모든 것이 너희에게 있어야 할 줄을 아시느니라 그런즉 너희는 먼저 그의 나라와 그의 의를 구하라 그리하면 이 모든 것을 너희에게 더하시리라"(마 6:31-33).

걱정 때문에 기도하는 사람은 분명 아무것도 구하지 않는 사람보다는 낫습니다. 그러나 하늘 아버지는 우리의 기도가 염려에서 출발하지 않기를 원하십니다. 그것은 하나님을 알지 못하는 이방인들의 기도입니다. 하나님은 오히려 기도를 통해 우리를 만나주기를, 우리의 길을 지도해 주기를 원하십니다. 또한 기도를 통해 하나님의 마음을 알려주기를 원하시고, 우리가 그 뜻을 깨달아 이 땅에서 살아내는 순종으로 나아가길 원하십니다. 지금 우리의 기도가 어느 자리, 어느 수준에 머물러 있는지를 생각해 보길 원합니다. 그리고 주기도문을 통해 더 높고 깊은 차원의 기도로 나아갈 수 있길 바랍니다.

이름이 거룩히 여김 받으소서

주기도문의 첫 간구는 "이름이 거룩히 여김을 받으시오며" 입니다. 여기서 말하는 이름은 당연히 하나님의 이름입니다. 원문은 '당신의 이름'으로 되어 있고, 보다 구체적으로 표현되어 있습니다. 우리가 잘 아는 것처럼 '이름'은 존재의 특성을 나타냅니다. 그러므로 하나님의 이름이라는 것은 하나님이 어떤 분인지를 함축적으로 보여주는 일종의 상징입니다. 특별히 구약에서는 하나님께서 당신 스스로를 '여호와'라는 이름으로 나타내 보이셨습니다. "하나님이 또 모세에게 이르시되 너는 이스라엘 자손에게 이같이 이르기를 너희 조상의 하나님 여호와 곧 아브라함의 하나님, 이삭의 하나님, 야곱의 하나님께서 나를 너희에게 보내셨다 하라 이는 나의 영원한 이름이요 대대로 기억할 나의 칭호니라"(출 3:15).

하나님의 공식적인 '자기소개'라고 할 수 있는 이 구절에서 우리는 몇 가지 중요한 특징을 보게 됩니다. 먼저 하나님은 '너희 조상의 하나님'이라는 사실을 강조하십니다. 더 나아가 '아브라함', '이삭', '야곱'이라는 족장들의 이름을 열거하시면서 구체성을 더하십니다. 우리는 이 족장들의 이름을 보면서 하나님의 언약과 약속을 자연스레 떠올리게 됩니다. 하나님은 연약한 인생들에게 찾아오셔서 그들과 언약을 맺으시고, 그들에게 미래를 약속하시는 하나님이십니다. 그런데 동시에 조상들의 하나님은 지금 이 말씀을 듣고 있는 모세의 하나님이시고, 또한 모세를 통해 인도받을 이스라엘 백성의 하나님이십니다. 하나님은 그들에게 언약하신 것을 잊지 않으시고, 그 조상들의 자손을 구원하십니다.

이것은 우리가 하늘을 이 땅과 너무 동떨어진 세계로 이해하지 말아야 한다는 사실과 맞닿아 있습니다. 하늘은 땅에 연결됩니다. 그리고 그 하늘에 계신 하나님 아버지는 이 땅에 있는 자녀들과 연결되어 계십니다. 무엇보다 하나님은 언약을 통해 이 땅의 사람들과 관계를 만들어 가십니다. 그런데 하나님의 언약은 생각보다 일방적입니다. 인간이 먼저 하나님을 찾아 발견해서 하나님과 관계를 만들어 낸 것이 아닙니다. 오히려 하나님께서 사람에게 찾아오시고, 우리를 하나님의 파트너로 삼아주셨습니다. 아니, 파트너 정도가 아니라 자녀 삼아주셨습니다. 하나님을 거역하여 죄인 된 인간들을 그리스도의 피로 대속하시고, 죄로부터 건져내셔서 자녀로 삼아주셨습니다. 이 모든 일을 위해 성자 하나님이신 예수 그리스도께서 친히 사람이 되셨습니다. 하나님이 인간의 수준에 절대적으로 맞춰주셨기에 가능한 일이었습니다.

이처럼 하나님은 우리에게 그분 자신의 이름, 곧 그분의 존재와 능력과 성품을 나타내기를 원하십니다. 그러나 그것은 과시하기 위함이 아닙니다. "내가 이렇게 위대하니까 나를 좀 제대로 숭배해라"라는 의미에서 그분의 이름을 알리시는 것이 아닙니다. 오히려 죄인 된 인간들은 하나님께서 그분을 알려주시지 않는 한 하나님에 대해 조금도 알 수 없습니다. 또한 하나님께서 찾아오셔서 언약을 통해 관계를 맺어주시지 않는 한 하나님과 교제할 수 없습니다. 인간은 생각보다 대단한 존재가 아닙니다. 많은 사람이 하나님에 대해 이러쿵저러쿵 이야기하고 신이 어떠한지를 말하지만, 우리는 인간일 뿐 하나님이 아닙니다. 우리가 하나님을 발견하여 섬기는 것이 아니라, 하나님이 우리를 찾아오신 것입니다. 우리와 관계 맺기 위하여 하나님이 우리에게 그분의 이름을 알려주십니다.

그렇다면 하나님의 이름이 거룩히 여김을 받으시라는 간구의 의미는 무엇입니까? 이는 지금까지의 설명에 비추어 생각해 볼 수 있습니다. 하나님의 이름은 누군가에게 알려지기 위한 것이고, 특별히 그것을 통해 하나님을 경배하도록 하기 위한 것입니다. 더 구체적으로는 하나님과의 언약 안에 들어가, 하나님 아버지와 자녀의 관계로 형성되게 하기 위함입니다. 그 안에 들어간 사람은 하나님의 이름을 알게 되는 것뿐만 아니라 그분의 이름을 특별하게, 거룩하게 여길 것입니다. 그래서 이사야서에는 이렇게 표현되어 있습니다. "그러므로 아브라함을 구속하신 여호와께서 야곱 족속에 대하여 이같이 말씀하시되 야곱이 이제는 부끄러워하지 아니하겠고 그의 얼굴이 이제는 창백해지지 아니할 것이며 그의 자손은 내 손이 그 가운데에서 행한 것을 볼 때에 내 이름을 거룩하다 하며 야곱의 거룩한 이를 거룩하다 하며 이스라엘의 하나님을 경외할 것이며 마음이 혼미하던 자들도 총명하게 되며 원망하던 자들도 교훈을 받으리라 하셨느니라"(사 29:22-24).

하나님의 이름이 알려질 때, 사람들에게 구원이 임합니다. 사람들은 하나님의 이름을 거룩하다고 말하며 하나님을 경외하게 됩니다. 그러므로 하나님의 이름이 거룩해지는 것은 하나님의 이름이 알려지고, 그분의 구원이 나타난 결과입니다. 이렇듯 하나님은 그분 자신이 알려지기를 원하십니다. 그리고 하늘에 계신 하나님의 이름이 알려지고 거룩히 여김을 받을 때, 이 땅에 생명이 임합니다. 그때 사람들은 하나님을 아버지로 모시고 살아가게 됩니다. 그분의 이름에 합당한 영광을 돌리며 살아갑니다. 그분은 우리의 아버지가 되기를 원하십니다. 우리가 못나고 부족해도, 그분은 우리를 자녀로 삼기를 원하십니다. 잃어버린 자녀들이 다시 하나님 앞에 돌아오는 것이 하나님께서 가장 기뻐하시는 일임을, 이 기도는 우리에게 다시 일깨워 줍니다.

그러므로 이 기도는 선교적인 기도입니다. 하나님께서 온 땅에 구원을 베푸시는 하나님의 선교를 향한 기도입니다. 하나님의 이름이 알려지고 하나님의 이름이 높임을 받으며, 거룩히 여김을 받기를 고대하는 것입니다. 우리는 누구의 이름이 알려지기를 원합니까? 우리의 이름입니까? 아니면 우리 교회의 이름인가요? 사람이 스스로 자기 이름을 높이고 그 이름을 내기 위해 만들고자 했던 것이 바벨탑입니다. 그러나 주기도문은 우리의 헛된 욕망을 뒤엎고 다시 하나님의 이름이 높아지는 것을 갈망하는 삶으로 인도합니다.

우리는 이 간구가 가장 첫 간구라는 것을 잊지 말아야 합니다. 우리 인생의 첫 목표는 어디를 향하고 있습니까? 하나님의 이름이 알려지고, 그 이름을 통해 하나님의 생명이 전달되는 것이 우리 인생의 가장 중요한 과제가 되기를 소원합니다.

✳ 기도

주님, 주님의 이름을 부를 수 없었던 우리를 위해 십자가를 지시고, 그로 말미암아 하나님의 자녀로 삼아주심에 감사합니다. 하나님을 아버지라고 부를 수 있는 은혜를 허락해주심에 감사합니다. 주님께 받은 이 은혜를 가지고 이 땅에 하나님의 이름이 거룩히 여김을 받으시기를 기대함으로, 그 일에 사용되게 하옵소서. 그리하여 이 땅 곳곳에 하나님의 생명이 흘러넘치기를 소망합니다. 예수님의 이름으로 기도드립니다. 아멘.

✳ **Remind Note** ✳

읽은 내용을 기억하며 밑줄에 나의 생각을 정리해 봅시다.

1. 나는 제일 먼저 _____

_____.

2. 요즘 나의 기도제목은 _____

_____.

3. 하나님은 나에게 _____

_____.

4. 나는 하나님의 자녀로서 _____

_____.

✳

하나님의 이름이 거룩해지는 것은
하나님의 이름이 알려지고,
그분의 구원이 나타난 결과입니다.

✳

4장

이미와 아직

나라가 임하시오며

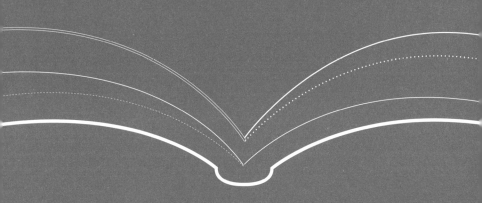

마태복음 6장 9~13절

그러므로 너희는 이렇게 기도하라

하늘에 계신 우리 아버지여
이름이 거룩히 여김을 받으시오며

나라가 임하시오며

뜻이 하늘에서 이루어진 것 같이
땅에서도 이루어지이다

오늘 우리에게 일용할 양식을 주시옵고

우리가 우리에게 죄 지은 자를
사하여 준 것 같이
우리 죄를 사하여 주시옵고

우리를 시험에 들게 하지 마시옵고
다만 악에서 구하시옵소서

(나라와 권세와 영광이 아버지께 영원히 있사옵나이다 아멘)

주기도문의 두 번째 간구는 "나라가 임하시오며"입니다. 이는 "당신의 나라가 오게 하소서"라고 직역할 수 있습니다. 이 간구가 가진 의미를 이해하기 위해서는 '나라'라는 단어의 뜻을 잘 생각해 봐야 합니다. 먼저 '나라'는 '통치'의 개념에서 이해되어야 합니다. 따라서 "당신의 나라가 오기를 원합니다"라는 간구는 하나님 아버지의 통치가 임하기를 소원하는 기도입니다.

여기서 우리는 한 가지 의문이 들 수 있습니다. '하나님은 언제나 세상을 다스리시는 분인데, 왜 굳이 하나님의 통치를 바라는 기도를 해야 하는가?' 그렇기에 이 간구가 가지고 있는 이른바 '종말론적인' 성격을 강조하지 않을 수 없습니다. '종말론적'이란 용어는 말 그대로 종말과 관계되어 있다는 뜻입니다. 예수님 당시에 많은 유대인은 종말을 고대했습니다. 그래서 현시대는 비록 악인들이 득세하고 의인들은 고난을 당하고 있지만, 세상의 끝에는 이 모든 불의가 일시에 정리될 것이라고 기대했습니다. 그날에는 의인들의 억울함이 해소되고 악인들이 형벌에 던져짐으로써 하나님의 정의가 실현될 것이라고 생각했습니다. 이것은 사람들이 만들어 낸 사상이 아니라 구약성경, 특히 선지서에서 묘사되는 그림이었습니다. 이것은 이사야서를 통해 생각해 볼 수 있습니다. "좋은 소식을 전하며 평화를 공포하며 복된 좋은 소식을 가져오며 구원을 공포하며 시온을 향하여 이르기를 네 하나님이 통치하신다 하는 자의 산을 넘는 발이 어찌 그리 아름다운가 네 파수꾼들의 소리로다 그들이 소리를 높여 일제히 노래하니 이는 여호와께서 시온으로 돌아오실 때에 그들의 눈이 마주 보리로다 너 예루살렘의 황폐한 곳들아 기쁜 소리를 내어 함께 노래할지어다 이는 여호와께서 그의 백성을 위로하셨고 예루살렘을 구속하셨음이라 여호와께서 열방의 목전에서 그의 거룩한 팔을 나타내셨으므로 땅끝까지도 모두 우리 하나님의 구원을 보았도다"(사 52:7-10).

이사야서에서 여호와 하나님의 통치는 하나님의 백성이 바벨론 포로에서 해방되는 것을 가리킬 수 있습니다. 그러나 하나님의 통치를 통한 구원과 자유에 대한 갈망은 바벨론 시대를 넘어 소위 중간기라고 하는 시기를 거쳐서, 로마의 지배를 받는 유대 땅에 여전히 남아있었습니다. 불의한 로마제국이 하나님의 백성을 억압하고 있는 현실은 아직 하나님의 통치가 임하지 않았음을 방증하고 있었던 것입니다. 그래서 그들은 하나님이 이 불의한 역사에 개입하실 때 비로소 진정한 자유와 회복이 찾아올 것이라고 믿었습니다. "네 하나님이 통치하신다!"라는 소식이 마침내 유대 온 땅에 울려 퍼지길 바랐습니다.

따라서 "나라가 임하시오며"라는 두 번째 간구는 하나님의 결정적인 다스림을 통해, 완전한 구원과 회복이 이 땅에 임할 것을 바라는 것입니다. 예수님께서 제자들에게 그러한 미래를 꿈꾸며 고대할 것을 가르치셨습니다.

예수님이 가져오신 하나님 나라

앞서 밝혔듯이 유대 땅에 하나님의 통치, 하나님 나라가 임하기를 바랐던 것은 비단 예수님과 제자들뿐만이 아닙니다. 많은 유대인이 그것을 갈망하며 고대했습니다. 단적인 예로 바리새인들도 하나님 나라를 이 땅에 가져오고자 애썼던 사람들입니다. 그들은 이스라엘 백성 모두가 제사장 수준의 정결함을 유지하면서 율법에 충실한 삶을 살아간다면, 그 나라가 속히 임할 것이라고 고대했습니다.

그뿐만 아니라 어떤 사람들은 무장 항쟁을 통해 실질적으로 하나님 나라를 구현할 수 있다고 생각했습니다. 단검을 소지하고 다니면서 로마 정부의 요인과 앞잡이들을 처단하는 것이야말로 나라의 독립을 가져다 줄 것으로 생각했습니다. 물론 그들도 여호와 하나님에 대한 신앙과 충성을 가지고 그런 일을 행한 것입니다. 이방인들이 유대인 문화에 잠식해 들어오는 상황을 무기력하게 보고만 있을 수 없다고 생각했습니다.

또한 에세네파처럼 속세를 등지고 광야로, 동굴로 떠난 사람들도 있었습니다. 이미 이스라엘의 종교는 썩은 지 오래되었고, 어떠한 종교나 정치 개혁을 통해서도 민족의 상황은 나아지지 않는다고 믿는 사람들이었습니다. 그래서 그들은 세상과 분리된 생활을 하면서, 자신들이야말로 하나님의 백성으로서 이스라엘의 순수성을 지키고 있는 자들이라고 생각했습니다.

이러한 상황에서 예수님은 "하나님 나라가 가까이 왔다"는 선언으로 공생애를 시작하셨습니다. 그러면서 "회개하고 복음을 믿으라"고 말씀하셨습니다(참고. 막 1:15). 마태복음에서 주기도문이 소개된 산상수훈 역시, 이러한 하나님 나라의 선포와 맞물려 있다는 점에 주목할 필요가 있습니다.

예수님은 천국이 가까이 왔으니 회개하라고 전파하셨고 (마 4:17), 갈릴리를 두루 다니시면서 가르치시고 천국 복음을 전파하시며, 모든 병과 약한 것들을 고치셨습니다(마 4:23). 이 것은 천국, 곧 하나님 나라가 임하고 있음이 예수님의 말씀과 행동으로 입증된다는 사실을 드러냅니다. 하나님의 백성이 그 토록 염원했던 "네 하나님이 통치하신다!"라는 소식이 예수님 을 통해 전해지고 있는 것입니다.

이런 맥락에 맞닿아 있는 마태복음 5장의 산상수훈은 하 나님의 통치 질서가 선포되는 현장이라고 할 수 있습니다. 주 목할 것은 예수님이 통치의 주권을 갖고 계신다는 사실입니 다. 주기도문에서 나타나듯이 이 나라와 통치의 주권은 본래 '하늘에 계신 아버지'의 것입니다. 그런데 그것을 실질적으로 이 땅에 구현하고 계시는 분이 예수님이라는 사실을 기억해야 합니다. 우리는 이것을 산상수훈에서 자주 반복되는 "나는 너 희에게 이르노니"라는 표현에서도 알아차릴 수 있습니다. 예 수님은 단순히 하나님 나라를 선포하는 메신저가 아니라 그 나라의 권위를 가진 왕으로서 이 땅에 오신 것입니다.

이것은 여러 차례 강조해도 지나치지 않습니다. 성경을 연 구하는 학자 중에는 예수님을 신앙의 대상으로 생각하지 않 는 사람들도 많습니다. 그런 이들은 예수님에 대하여 좋은 소식을 전하러 온 시골 출신 선지자쯤으로 여깁니다. 혹은 사람들을 사랑하면서 하나님의 뜻을 보여준 성인으로 여기기도 합니다. 또는 기존 사회를 전복시키는 메시지를 가르친 분으로 예수님을 그려내기도 합니다. 그러나 성경은 예수님을 하나님 나라와 그분의 통치를 이 땅에 가져오신 분으로 증언하고 있습니다.

하나님 나라의 성격

예수님께서 하나님의 통치를 실현하는 왕으로서 이 땅에 오셨다는 사실은, 우리에게 한 가지 질문을 하게 합니다. 앞서 우리는 하나님 나라가 종말론적 성격을 갖고 있음을 살펴보았습니다. 다시 말해, 하나님 나라가 임할 때 세상은 새로워집니다. 악은 심판받고, 의인들은 하나님의 인정을 받게 됩니다. 하나님의 백성을 억압하던 모든 악의 세력은 물러나고 백성들은 자유를 만끽하게 됩니다. 만약 하나님 나라가 정말 이 땅에 임한다면, 그런 일이 반드시 일어나야 합니다. 그런데 왜 일어나지 않는 것일까요?

이와 관련하여 두 가지를 생각해 볼 필요가 있습니다. 첫 번째는 예수님께서 가져오신 하나님 나라는 사람들의 기대 이상이었다는 사실입니다. 우리는 흔히 '유대인들은 정치적 메시아를 기대했지만, 예수님은 영혼의 문제를 해결하러 오셨다'라는 이야기를 하곤 합니다. 이스라엘의 기대가 애초에 잘못되었다는 것입니다. 그런데 우리는 이것을 좀 더 넓은 관점에서 설명할 필요가 있습니다. 사실 이스라엘이 외세의 지배를 받고 억압을 받은 것은 단순한 국제 역학의 문제가 아닙니다. 오히려 성경은 이스라엘의 영적인 문제를 지적합니다. 이스라엘이 포로로 잡혀가거나 외세의 침공을 받는 일의 배후에는 더 근본적인 문제가 자리하고 있다는 뜻입니다. 따라서 그 본질적인 문제가 해결되지 않는 이상, 회복은 피상적일 수밖에 없습니다.

그러므로 예수님이 하나님의 결정적인 통치를 이 땅에 가지고 오신 것은 단지 증상을 해결하는 것이 아니라, 근본적인 문제를 해결하기 위함임을 생각해야 합니다. 그것은 다름 아닌 죄의 문제이며, 이스라엘에만 국한된 문제가 아니라 온 인류의 문제이기도 합니다. 다시 말해, 하나님께서는 아담 이후에 타락한 세상을 바로잡는 일을 예수님을 통해 이루신 것입니다. 정말로 해결되어야 할 죄의 문제를 예수님의 십자가와 부활을 통해 해결하셨습니다. 이를 통해 하나님의 백성은 단지 그들을 억압하는 외세에서 벗어난 정도가 아니라 근원적인 원수인 죄와 사망의 권세로부터 벗어나게 되었습니다. 근본적인 자유와 해방이 하나님의 백성에게 주어진 것입니다.

이와 더불어 두 번째로 생각해 볼 점은, 우리가 잘 아는 '이미와 아직'이라는 하나님 나라의 성격입니다. 사실 이러한 구도는 당시 유대인들이 가지고 있었던 종말론에는 존재하지 않았습니다. 하나님의 통치가 임하는 순간, 그때부터 새로운 시대가 열리는 구도였습니다. 그러나 복음서의 수많은 비유가 보여주는 바와 같이, 예수님은 하나님의 결정적 통치가 순간적으로 이뤄지지 않고 오랜 시간을 거쳐서 진행된다는 것을 계시하셨습니다. 하나님 나라는 예수님의 십자가의 죽음과 부활로 분명 '이미' 이 땅에 임했지만, 완전한 끝을 향하여 '아직' 전진하고 있습니다.

이 점에 있어서 우리가 가질 수 있는 질문은 '왜 이러한 구도가 필요하였는가?'입니다. 예수님은 왜 단번에 오셔서 문제를 모두 해결하시지 않고 다시 오셔서 결말을 짓겠다고 하시는 것인지, 우리는 그 뜻을 다 헤아릴 수 없습니다. 그러나 그것이 하나님이 이 땅에서 그분의 통치를 확장시켜 나가시는 방법이라는 것은 분명합니다. 다시 말해, 예수님이 가져오신 하나님 나라의 복된 소식, 곧 복음을 세상에 전파하는 방식으로 하나님은 그 나라를 완성시켜 나가신다는 것입니다.

그렇기에 모든 복음서의 끝은 예수님의 부활, 승천과 더불어 예수님이 제자들에게 이 복음을 전파하도록 위임하시는 장면으로 마무리됩니다. 또한 하나님 나라가 임하는 것으로 표현되지만, '들어가는 것'으로 계속해서 설명되는 이유도 여기에 있습니다. 놀랍게도 하나님 나라는 강압적인 방식으로 이 땅에 임하지 않았습니다. 오히려 "하나님이 통치하신다"는 복된 소식을 즐거이 받아들이는 사람들을 불러들이는 방식으로 임합니다. 그것은 인종과 민족의 경계까지도 뛰어넘습니다. 그리하여 예루살렘에서 시작된 복음은 전 세계와 열방을 향해 뻗어갔습니다. 이것이 하나님께서 온 세상에 결정적인 통치를 가져오신 방식입니다. 그리고 하나님은 분명히 예수님의 다시 오심을 통해 이 통치를 완성하실 것입니다.

하나님 나라를 구하라

우리는 이러한 사실을 통해, 예수님께서 하나님 나라를 위해 기도할 것을 가르치신 이유를 생각해 볼 수 있습니다. 우선 우리는 이 간구를 통해 정말 중요하고 본질적인 것이 무엇인지를 발견하게 됩니다. 예수님은 주기도문과 더불어 기도를 가르치시면서 이렇게 말씀하십니다. "그런즉 너희는 먼저 그의 나라와 그의 의를 구하라 그리하면 이 모든 것을 너희에게 더하시리라"(마 6:33). 이것은 '무엇을 먹을까 무엇을 마실까 무엇을 입을까'를 구하는 이방인들의 기도와 대비되는 간구입니다. 물론 우리가 먹고 살고 입는 것은 중요합니다. 예수님도 그것들이 전혀 필요 없다고 말씀하시지 않습니다. 그러나 하나님의 백성은 먹고사는 문제에 함몰될 수 없다는 것을 분명히 가르치십니다.

그러므로 하나님 나라에 대한 간구는 현실적인 문제에 싸여 살아가는 우리의 시선을 하나님으로 향하게 만듭니다. 하나님의 백성은 본질적으로 종말론적인 역사의식을 가지고 살아야 합니다. 역사의 시작이 있는 만큼 끝이 있다는 믿음 안에서 살아가야 한다는 것입니다. 그저 마냥 세월이 흐르고 시간이 흘러가는 것이 아닙니다. 역사는 하나님 나라의 완성을 향해 전진하고 있습니다. 그렇기에 그 나라가 어떻게 전파되고 있고, 나와 우리는 그 역사의 흐름 가운데서 어떤 위치와 역할을 감당해야 하는지 고민하는 것이 하나님의 백성에게 합당함을 이 간구가 일깨워 줍니다.

이와 더불어 우리는 하나님 나라를 구하면서 육신적인 생각을 떨쳐내고 하나님의 뜻을 더욱 사모하게 됩니다. 이것은 다음 간구인 "뜻이 하늘에서 이루어진 것 같이 땅에서도 이루어지이다"에서 더욱 분명하게 드러나는 것이기도 합니다. 우리는 하나님 나라와 통치라는 절대적인 기준 앞에서 인간적인 관점을 초월할 수 있습니다.

예수님께서 이 땅에 하나님 나라를 가져오신 방식은 십자가입니다. 이것은 사람이 생각할 수 없는 방법이었습니다. 예수님 당시에 그 누구도 이러한 방식으로 하나님의 통치가 세상에 임하게 될 것이라고 기대하지 못했습니다. 제자들도 마찬가지였습니다. 그래서 제자들은 하나님 나라를 위해 죽임당해야 한다는 예수님의 예고를 도무지 받아들이지 못했습니다. 그런 제자들을 향해 예수님은 이렇게 말씀하십니다. "예수께서 돌이키시며 베드로에게 이르시되 사탄아 내 뒤로 물러 가라 너는 나를 넘어지게 하는 자로다 네가 하나님의 일을 생각하지 아니하고 도리어 사람의 일을 생각하는도다 하시고"(마 16:23).

우리도 얼마든지 사람의 일, 사람의 생각으로 살아갈 수 있습니다. 하나님 나라라는 대의를 생각하지 못할 때 그렇습니다. 이후에 베드로가 겟세마네에서 검을 꺼내 들어 십자가로 향하시는 예수님의 사역을 지연시켰던 것을 생각해 보십시오. 우리도 하나님의 일을 한다고 하면서 정작 하나님 나라에 역행하는 일을 할 수 있음을 두려워해야 합니다.

우리는 바로 그런 이유로, 하나님 나라를 구해야 합니다. 우리의 육신적인 생각이 모두 물러가고 하나님께서 하고자 하시는 일이 무엇인지 볼 수 있는 눈을 달라고 기도해야 합니다. 예수님을 통해 이미 세상에 임한 하나님의 통치의 질서가 우리의 삶 속에 뿌리내리고 열매 맺기를 간구해야 합니다. 그리고 하나님 나라의 완성을 바라보며, 오늘을 그렇게 살아갈 수 있도록 기도해야 합니다.

✴ 기도

주님, 그 나라가 오게 하소서. 아직도 나의 삶 구석구석에 하나님의 통치가 온전히 결단되지 않고 순종되지 않은 것이 있음을 고백합니다.

그렇기에 현실에 매몰된 눈을 들어 주님을 보길 원합니다. 십자가를 통해 이 땅에 하나님 나라를 가져오신 주님을 바라보게 하옵소서. 그리하여 이미 임한 하나님 나라를 전파하며 하나님 나라의 완성을 소망하는 삶이 되게 하여 주옵소서.

예수님의 이름으로 기도드립니다. 아멘.

읽은 내용을 기억하며 밑줄에 나의 생각을 정리해 봅시다.

1. 복음은 ....

....

2. 십자가를 바라볼 때 ....

....

3. 내가 지금 속한 곳은 ....

....

4. 내가 붙잡고 있는 것은 ....

....

하나님의 백성은 본질적으로
종말론적인 역사의식을 가지고 살아야 합니다.
역사의 시작이 있는 만큼 끝이 있다는 믿음 안에서
살아가야 한다는 것입니다.

5장

하늘과 땅이 만나는 곳

뜻이 하늘에서 이루어진 것 같이
땅에서도 이루어지이다

마태복음 6장 9~13절

그러므로 너희는 이렇게 기도하라

하늘에 계신 우리 아버지여
이름이 거룩히 여김을 받으시오며

나라가 임하시오며

뜻이 하늘에서 이루어진 것 같이
땅에서도 이루어지이다

오늘 우리에게 일용할 양식을 주시옵고

우리가 우리에게 죄 지은 자를 사하여 준 것 같이
우리 죄를 사하여 주시옵고

우리를 시험에 들게 하지 마시옵고
다만 악에서 구하시옵소서

(나라와 권세와 영광이 아버지께 영원히 있사옵나이다 아멘)

우리는 이제 주기도문의 전환점에 도달했습니다. 세 번째 간구인 "뜻이 하늘에서 이루어진 것 같이 땅에서도 이루어지이다"입니다. 원문에는 뜻 앞에 '당신의'라는 수식이 붙어있습니다. 하늘에 계신 아버지의 뜻을 말합니다. 그 뜻이 하늘에서 이뤄진 것처럼 땅에서도 이뤄지기를 바란다는 간구입니다.

　마태복음의 주기도문과 누가복음의 주기도문에는 약간의 차이가 있습니다. 특히 하늘 아버지의 뜻을 구하는 간구가 그렇습니다. 마태복음에는 이 간구가 있고, 누가복음에는 없습니다. 왜 이러한 차이가 생겨났는지 분명하게 알기는 어렵습니다. 그러나 앞에서 하나님 나라에 대한 간구를 설명했던 것을 떠올려 보면 이해되기도 할 것입니다. 즉, 하나님의 통치와 하나님의 뜻이 이 땅에 임하기를 구한다는 점에서 두 간구는 내용상 매우 유사합니다.

물론 그렇다고 하더라도 어느 정도의 차이점이 있다는 사실도 인정해야 할 것 같습니다. 앞서 설명했던 것처럼, 하나님 나라에는 종말론적인 강조점이 있습니다. 반면에 하늘 아버지의 '뜻'은 좀 더 보편적인 내용을 의미한다고 볼 수 있습니다. 그리고 무엇보다 마태복음에서 하늘 아버지의 뜻이 여러 차례 강조된다는 점도 생각해봐야 합니다. 마태복음에서 예수님이 하늘의 뜻이 땅에서도 이루어지기를 기도하라고 가르치실 때 특별히 의도하신 바가 있다는 것입니다.

우선 산상수훈의 결론부에는 다음과 같은 구절이 등장합니다. "나더러 주여 주여 하는 자마다 다 천국에 들어갈 것이 아니요 다만 하늘에 계신 내 아버지의 뜻대로 행하는 자라야 들어가리라"(마 7:21). 천국에 들어가는 자는 예수님과의 친분을 과시하는 사람이 아니라 하늘에 계신 아버지의 뜻대로 행하는 자라고 예수님은 선명하게 가르치셨습니다. 다시 말해, 하나님의 백성의 정체성은 하늘 아버지의 뜻을 준행하는 데서 발견할 수 있다는 것입니다.

마태복음 12장에도 동일한 주제가 등장합니다. 예수님이 무리에게 말씀하실 때, 그의 모친과 동생들이 예수님을 찾아왔습니다. 그래서 한 사람이 예수님께 그 사실을 아뢰자, 예수님은 이렇게 말씀하십니다. "말하던 사람에게 대답하여 이르시되 누가 내 어머니이며 내 동생들이냐 하시고 손을 내밀어 제자들을 가리켜 이르시되 나의 어머니와 나의 동생들을 보라 누구든지 하늘에 계신 내 아버지의 뜻대로 하는 자가 내 형제요 자매요 어머니이니라 하시더라"(마 12:48-50). 예수님의 가족은 혈육이 아니라 하늘 아버지의 뜻대로 행하는 사람이라고 가르치십니다.

이러한 주제는 마태복음 21장에서도 나타납니다. 예수님이 성전에서 가르치실 때, 대제사장들과 백성의 장로들이 나아와서 '무슨 권위로 이런 일을 하는지' 예수님께 여쭈었습니다. 무슨 자격으로 성전에서 말씀을 가르치느냐고 시비를 건 것입니다. 이에 예수님은 한 가지 비유를 들려주십니다.

어떤 사람에게 두 아들이 있었는데, 어느 날 그가 맏아들에게 포도원에 가서 일하라고 명했습니다. 그런데 맏아들은 대답은 잘했지만, 정작 가지는 않았습니다. 이 사람은 둘째 아들에게도 포도원에 가서 일하라고 말했습니다. 둘째 아들은 처음에는 싫다고 말했지만, 그 후에 뉘우치고 포도원에 일하러 갔습니다. 예수님은 이 비유를 말씀하시며, 둘 중 누가 아버지의 뜻대로 행하였는지를 물으셨습니다. 그곳에 있던 사람들은 당연히 둘째 아들이라고 대답했습니다. 그러자 예수님은 이 비유를 다음과 같이 정리하십니다. "그 둘 중의 누가 아버지의 뜻대로 하였느냐 이르되 둘째 아들이니이다 예수께서 그들에게 이르시되 내가 진실로 너희에게 이르노니 세리들과 창녀들이 너희보다 먼저 하나님의 나라에 들어가리라"(마 21:31).

우리는 위에서 본 세 성경 구절이 '누가 하나님 나라에 들어가는가?'라는 질문에 답을 주고 있음을 발견합니다. 하나님 나라에 들어가는 사람은 말만 하는 사람이 아니라 순종하는 사람입니다. 또한 하늘 아버지의 뜻대로 행하는 자가 예수님의 가족이라는 사실은, 하나님 나라에 들어가는 문제가 하늘 아버지와의 가족 관계 안으로 들어가는 문제와 관련되어 있다는 것을 짐작하게 합니다. 좋은 혈통을 가졌다고 해서, 혹은 대제사장이나 서기관 같은 직분을 가졌다고 해서 하나님 나라의 백성이 되거나 하나님의 가족이 되는 것이 아닙니다. 오직 아버지의 뜻대로 준행하는 자가 그러하다고 예수님은 말씀하십니다.

이것은 우리가 왜 예수님을 믿고 하나님을 섬기고자 하는지에 대한 근본적인 도전을 가져다줍니다. 우상숭배는 항상 자기중심적입니다. 아무리 우상을 열심히 섬긴다고 해도 우상의 '뜻'을 준행해야겠다는 마음을 갖는 사람은 없습니다. 그 우상에게는 그러한 의지나 뜻이 없을뿐더러 그것이 숭배의 목적이 아니기 때문입니다. 오직 어떻게 해서든 우상의 힘을 빌려서 자기 뜻을 이루고자 하는 것에 목적이 있습니다. 어떤 다른

송태근 목사의 기도학당

종교이든지 의지할 대상이든지 내 목표와 뜻이 중심에 있을 때, 그것은 우상숭배와 다르지 않습니다.

반면에 우리가 하늘 아버지를 섬긴다고 할 때, 그것은 오히려 우리의 뜻과 의지를 꺾어나가기 위함입니다. 내 뜻보다 중요한 것은 하나님 아버지의 뜻입니다. 이것에 동의하여 이러한 원리로 살아가는 사람들이 하나님 나라의 백성이고, 하늘 아버지의 가족입니다. 아무리 '주여, 주여'를 외친다 한들, 아버지의 뜻 앞에 자신을 온전히 드릴 것을 결단하며 살지 않는 이는 사실상 우상숭배를 하는 것이나 다름없습니다. 그리고 예수님은 그러한 자들을 향해 '내가 너희를 도무지 알지 못한다'(참고. 마 7:23)고 하십니다.

그러므로 이 간구는 주님이 가르치신 기도를 할 수 있는 사람이 누구인지를 분명히 보여줍니다. 주기도문은 내 기도에 효험을 더하기 위하여 외우는 주문이 아닙니다. 오히려 내 기도가 어떤 방향으로 가야 할지, 내 신앙의 본질이 어떠해야 할지를 바로잡아 주는 가늠자와 같습니다. 우리는 기도할 때 나의 필요와 문제, 나의 뜻에 집중하기 쉽습니다. 당장 내 뜻이 실현되기를 바라면서 기도의 자리로 나갑니다. 그러나 주기도문의 간구 앞에서 우리는 얼른 정신을 차리고, 우리가 받들어야 할 것은 하나님의 뜻이라는 사실을 깨우치게 됩니다. 그리고 그때, 내 인생이 나의 것이 아니고 내 몸과 영혼도 내 것이 아닌 주님의 것이라는 고백 앞에 다시 서게 되는 것입니다.

하늘 아버지의 뜻을 준행하신 유일한 아들

우리는 주기도문의 세 번째 간구를 보면서, 겟세마네에서 예수님의 기도를 떠올리게 됩니다. "내 아버지여 만일 내가 마시지 않고는 이 잔이 내게서 지나갈 수 없거든 아버지의 원대로 되기를 원하나이다"(마 26:42). 성경은 예수님이 이와 같은 말씀으로 무려 세 차례나 기도하셨다고 기록합니다. 그리고 이 기도를 마치셨을 때, 예수님은 무리의 손에 넘겨지십니다.

우리는 겟세마네에서 하늘 아버지의 뜻이 이 땅에 어떻게 이루어져 가는지를 바라볼 수 있습니다. 거기서 예수님은 마음이 고민하여 죽게 될 정도로 괴로워하셨습니다. 우리는 예수님의 심정이 어떠한 것이었는지 헤아릴 수 없습니다. 그러나 하늘 아버지의 뜻대로 되기를 소원하시는 예수님의 간구는 단순한 미사여구가 아니었음을 알 수 있습니다. 하나님의 독생하신 아들로서도 하늘 아버지의 뜻에 순종하기가 결코 쉽지 않았다는 것입니다. 그만큼 십자가를 지시는 길은 예수님께도 철저한 자기부인이 필요한 과정이었습니다. 또한 하늘 아버지의 뜻에 굴복하기를 소원하시는 예수님의 간구는 격렬한 기도였습니다.

십자가라는 하늘 아버지의 뜻을 받드는 것이 어려운 이유는 단지 육체적 고통 때문이 아니었습니다. 오히려 하나님께로부터의 완전한 버려짐 때문이었습니다. 하나님의 사랑받으시는 아들이 더러운 죄 덩어리처럼 취급받으셔야 했기 때문입니다. 이 땅을 옥죄고 있는 죄악을 향한 하나님의 모든 저주와 진노가 십자가 위의 예수님께 쏟아부어져야 했습니다. 가장 사랑받으시던 하나님의 아들이 가장 증오하는 존재로 여겨져야 했습니다. 예수님은 그 진노의 잔을 남김없이 받으셔야 했습니다. 그래서 할 수만 있다면 그 잔을 지나가게 해달라고 간절히 구하셨습니다. 그러나 예수님은 끝내 아버지의 뜻이 이루어지기를 기도하셨습니다.

이렇듯 예수님은 겟세마네에서의 밤을 지나 십자가에 온전히 자기를 내어주시기까지 철저히 하나님의 뜻에 순복하셨습니다. 첫 사람 아담의 불순종으로 인해 이 땅에 들어온 죄의 고통과 저주를 이 땅에서 걷어내시기 위해, 예수님은 온전한 순종을 드리셨습니다. 그분은 전적으로 순종하는 하나님의 아들이자, 하늘의 뜻을 온전히 받드는 하나님 나라의 첫 백성으로서 순종의 길을 걸으셨습니다. 그로 인해 하늘과 땅의 불화가 종식되고, 하나님의 평강이 온 땅을 지배하게 되었습니다. 예수님 안에서 하늘과 땅이 만나 온전한 화해를 이루었습니다. 그렇게 아버지의 뜻이 하늘에서 이루어진 것처럼, 땅에서도 이루어지게 되었습니다.

기도에 실패한 제자들

예수님의 격렬한 기도의 싸움 이면에는 제자들의 무지함과 연약함이 부각됩니다. 예수님은 기도하기 위해 제자들과 함께 겟세마네로 향하셨습니다. 특별히 베드로와 세배대의 두 아들 야고보와 요한에게는 "여기 머물러 나와 함께 깨어 있으라"(마 26:38)고 분부하셨습니다. 그리고 예수님은 하늘 아버지의 뜻을 받들기 위하여 기도하기 시작하셨습니다. 그러나 잠시 후 돌아오셨을 때, 제자들은 이미 잠에 곯아떨어졌습니다. "제자들에게 오사 그 자는 것을 보시고 베드로에게 말씀하시되 너희가 나와 함께 한 시간도 이렇게 깨어 있을 수 없더냐 시험에 들지 않게 깨어 기도하라 마음에는 원이로되 육신이 약하도다 하시고"(마 26:40-41).

이후에 예수님이 다시 기도하러 가셨다가 돌아오셨을 때, 제자들이 여전히 자고 있음을 보셨습니다. "다시 오사 보신즉 그들이 자니 이는 그들의 눈이 피곤함일러라"(마 26:43). 예수님의 격렬한 기도와 대조적으로, 제자들은 깊은 잠에 빠져있었습니다. 이 말씀을 표면적으로 보면 우리는 '그들이 피곤해서 어쩔 수 없었겠구나' 하는 생각이 듭니다. 그러나 성경 기자가 굳이 '눈이 피곤하다'라는 설명을 덧붙인 것은 그들의 영적인 상태를 보여주기 위함인 것으로 보입니다. 그들은 세상을 향한 하나님의 뜻과 씨름하고 계신 예수님 가까이에 있으면서도 상황의 긴박감을 알아차리지 못했습니다. 그래서 그들은 깨어 있으라는 주님의 명령이 무색할 정도로 영적인 어둠에 머물러 있었던 것입니다.

"시험에 들지 않게 깨어 기도하라"는 주님의 명령은 하나님의 뜻에 대한 민감함과 맞물려 있습니다. 바울 사도도 성령 안에서 기도하며 깨어서 기도할 것을 권면했습니다(엡 6:18; 골 4:2). 이 말씀은 24시간 잠들지 않고 기도하라는 의미가 아닙니다. 하나님의 뜻에 대한 예민함과 민첩성을 의미합니다. 마태복음 25장에 나오는 열 처녀 비유에서도 "그런즉 깨어 있으라"(마 25:13)라는 권고가 주어집니다. 정신을 차리고 주님의 뜻이 어디에 있는지 살펴야 한다는 것입니다. 그렇지 않으면 성도라고 할지라도 세상 사람들과 다름없는 삶을 살아가게 됩니다. 주님의 뜻에 대해 무감각한 채 자기 삶의 문제에 골몰하면서 인생을 허비하고 맙니다. 지금은 깨어서 기도할 때입니다.

하늘 아버지의 뜻을 받드는 기도

예수님은 겟세마네에서, 그리고 십자가에서 하늘 아버지의 뜻을 받드는 기도가 무엇인지 보여주셨습니다. 그리고 실로 예수님 안에서 하늘의 뜻이 이 땅에 그대로 실현되었습니다. 무엇보다 세상을 구원하고자 하시는 아버지의 뜻이 아들의 온전한 순종을 통하여 완성되었습니다.

부활하신 예수님은 '하늘과 땅의 모든 권세'를 받으신 왕으로서 이제 하늘의 뜻을 땅에 펼쳐가십니다. 제자들을 세상에 파송하시면서 그들에게 사명을 위임하십니다. "그러므로 너희는 가서 모든 민족을 제자로 삼아 아버지와 아들과 성령의 이름으로 세례를 베풀고 내가 너희에게 분부한 모든 것을 가르쳐 지키게 하라 볼지어다 내가 세상 끝날까지 너희와 항상 함께 있으리라 하시니라"(마 28:19-20). 이제 하늘 아버지의 뜻을 이 땅에서 이루는 일이 제자들, 곧 이 땅의 교회와 성도들에게 주어졌다는 뜻입니다.

그러므로 우리는 주기도문의 세 번째 간구를 통해 다시금 하나님께서 우리에게 맡기신 선교적 사명을 되새겨야 합니다. 그 간구를 온전히 드리시고 아버지 뜻에 순종하신 예수님으로 인해, 우리도 이제 그 기도를 드릴 수 있는 하나님의 가족이요 하나님 나라의 백성이 되었습니다. 그렇기에 더 이상 우리는 우리의 뜻을 관철하기 위한 종교 생활을 할 수 없습니다. 하나님을 이용하여 내 뜻을 펼쳐내고자 기도할 수 없습니다. 오히려 우리의 뜻을 꺾어 하나님 앞에 굴복시키고, 우리의 삶을 드려 하나님의 뜻대로 사용되길 바라는 마음으로 살아가야 합니다.

✳ 기도

주님, 하나님을 우리 아버지로 부르게 하시고 하나님의 거룩한 일에 동참하도록 부르시니 참으로 감사합니다. 그 부르심을 깨닫고 기쁨과 감격으로 동참하게 하여 주옵소서. 그러나 나의 힘과 능력으로는 할 수 없사오니, 오직 나를 이 땅에 부르신 목적대로 기쁘신 하늘의 뜻에 동참하는 헌신과 결단을 갖게 하여 주옵소서.
예수님의 이름으로 기도드립니다. 아멘.

✳ **Remind Note** ✳

읽은 내용을 기억하며 밑줄에 나의 생각을 정리해 봅시다.

1. 이 세상은 ....
....

2. 나의 소망은 ....
....

3. 요즘 나의 기도는 ....
....

4. 지금 나에게 중요한 것은 ....
....

내 뜻보다 중요한 것은
하나님 아버지의 뜻입니다.
이것에 동의하여 이러한 원리로 살아가는 사람들이
하나님 나라의 백성이고,
하늘 아버지의 가족입니다.

6장

일용할 양식

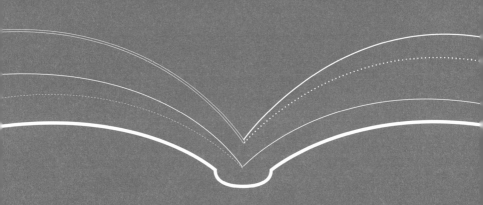

오늘 우리에게 일용할 양식을 주시옵고

마태복음 6장 9~13절

그러므로 너희는 이렇게 기도하라

하늘에 계신 우리 아버지여
이름이 거룩히 여김을 받으시오며

나라가 임하시오며

뜻이 하늘에서 이루어진 것 같이
땅에서도 이루어지이다

오늘 우리에게 일용할 양식을 주시옵고

우리가 우리에게 죄 지은 자를 사하여 준 것 같이
우리 죄를 사하여 주시옵고

우리를 시험에 들게 하지 마시옵고
다만 악에서 구하시옵소서

(나라와 권세와 영광이 아버지께 영원히 있사옵나이다 아멘)

주기도문의 네 번째 간구 "오늘 우리에게 일용할 양식을 주시옵고"는 누구에게나 잘 알려진 기도입니다. 그런데 보기와 다르게 이 구절이 정확히 무엇을 의미하는지에 대해서는 다양한 의견이 존재합니다. 무엇보다 '일용할'이라고 번역된 단어의 의미가 썩 분명하지 않습니다. 그래서 개역개정 성경에서도 이 단어에 각주를 달아서 '또는 내일 양식을'이라고 표시해 놓았습니다.

그렇기에 먼저 간단하게라도 이 단어가 어떤 식으로 이해되거나 번역되었는지, 그리고 그것이 어떤 의미를 가질 수 있는지 설명할 필요가 있을 것 같습니다. 첫째는 개역개정 성경이 번역한 것처럼 '일용할'의 의미로 이해하는 것입니다. 우리에게 필수적인 양식을 달라는 간구입니다. 우리는 육신을 가지고 있기 때문에 양식은 필수적이라는 사실이 강조됩니다. 그런데 교부시대 이래로 이런 해석에 부족함을 느낀 해석자들이 많았습니다. '그래도 예수님이신데 무언가 고차원적인 간구를 하셔야지, 먹고 사는 문제로 기도하는 게 말이 되지 않는다'고 보았던 것입니다. 그래서 이것을 영적인 양식으로 이해하기도 합니다. 물론 이런 이해도 중요합니다. 그러나 예수님이 먹고 사는 문제에 대해 신경 쓰시지 않았다고 생각할 수는 없습니다. 주님은 그것들로 인하여 염려하지 말라고 하셨지, 기도하지 말라고 하지는 않으셨습니다.

둘째는 '오늘의'라는 의미로 이해하는 것입니다. 이 경우에는 "오늘 오늘의 양식을 주소서"라는 기도가 됩니다. 오늘 필요한 만큼의 양식을 구하는 기도입니다. 영어성경 중 많은 경우가 이 번역을 따르는 편입니다. 다만 이 단어가 단독으로 '오늘의'의 의미를 갖는 용례가 없다는 것이 약점입니다. 뒤에서도 설명하겠지만, 그럼에도 저는 이 해석을 선호하는 편입니다. 왜냐하면 이 기도의 내용이 만나 이야기를 반영하고 있다고 생각하기 때문입니다. 만나는 안식일 전날을 제외하고는 그날에 할당된 양만큼만 내렸습니다. 그러므로 이것은 절제의 미를 보여줍니다. 쌓아놓기 위한 간구가 아니라, 필요한 만큼의 것을 구하는 기도라는 의미를 갖는 것입니다.

송태근 목사의 기도학당

셋째는 개역개정 성경의 각주처럼 '내일의'라는 의미로 이해하는 것입니다. 사실 용례에 비추어 봤을 때, 가장 지지받을 수 있는 번역이 이것이라고 할 수 있습니다. 만약 이 기도가 밤에 드려진다는 것을 가정한다면, 내일의 양식을 간구하는 기도도 어색할 것이 없습니다. 또한 미래에 대한 불안 때문에 드리는 기도가 아니라, 결국 한 날의 필요를 위해 드리는 기도라는 점에서 이 번역 또한 무리가 없는 이해입니다.

마지막으로는 '미래의'로 이해하는 것입니다. 내일을 넘어 종말론적인 미래의 날로 이해하는 해석입니다. 이 경우에는 기도를 드리는 사람이 종말의 천국 잔치에 참여하게 해달라고 간구하는 것으로 이해할 수 있습니다. 물론 우리가 지금까지 살펴본 것처럼 주기도문 전반부에 이러한 종말론적인 성격이 다분히 담겨 있기에, 그런 해석도 분명 가능합니다. 그러나 저는 이 간구에 좀 더 현재적인 성격이 강조되고 있다고 생각합니다.

이렇듯 "오늘 우리에게 일용할 양식을 주시옵고"라는 간구는 다양한 해석 가능성을 가지고 있습니다. 그럼에도 여기서는 오늘 우리에게 필요한 만큼의 양식을 간구하는 기도로 이해하고자 합니다. 만나를 통해 이스라엘을 먹이셨던 것처럼, 그날의 공급으로 우리를 채우시는 하나님 아버지에 대한 신뢰를 담은 간구라는 측면에서 생각해 보고자 합니다.

그렇다면 이 간구는 우리와 어떤 현실적인 연결고리가 있을까요? 이를 위해 우리는 출애굽기에 나온 원형의 현장을 살펴보아야 합니다. "그때에 여호와께서 모세에게 이르시되 보라 내가 너희를 위하여 하늘에서 양식을 비 같이 내리리니 백성이 나가서 일용할 것을 날마다 거둘 것이라 이같이 하여 그들이 내 율법을 준행하나 아니하나 내가 시험하리라"(출 16:4).

4절에 보면 백성이 나가서 일용할 양식, 하루치 양식을 거둔다고 합니다. 하루치 양식이기 때문에 내일은 없습니다. 그리고 하나님께서는 이스라엘 백성들에게 이 과정을 날마다 겪게 하십니다. 왜 그러셨을까요?

이 광야는 씨 한 줌 뿌릴 공간이 없는 곳입니다. 계절이 바뀌지 않기에 농사를 지을만한 여건도 안 됩니다. 그런 곳에 노예 출신인 사람들이 은혜로 홍해를 건너 도착합니다. 모세라는 지도자를 앞세운 이백만에 가까운 인파가 던져집니다. 그렇기에 거기에는 수많은 인생 군상(群像)이 있었습니다. 그러한 다양한 성격의 사람들과 여러 신체적인 여건을 가진 사람들 그리고 아이, 어른, 노인, 장애를 가진 사람들이 함께 어우러져서 길을 갑니다. 목적지는 있지만 어디로 가야 할지 모르는 채 갑니다. 오로지 구름 기둥과 불기둥만 의지하여 불특정 시간을 좇아가는 것입니다. 이는 결코 만만치 않은 일입니다.

이와 관련하여 제가 어느 겨울 캄보디아에 갔을 때의 일이 생각납니다. 그때 청년들이 그곳에 먼저 가 있었고 저는 후 발대로 방문하게 되었습니다. 제가 도착하자, 그곳에서 희망학교를 운영하는 선교사님이 아주 밝은 모습으로 마중을 나오셨습니다. 그 후 조금 뒤에는 남편분도 만나게 되어 일행들과 함께 교무실에 둘러앉아 이야기를 나누게 되었습니다.

우리는 그 시간을 통해 그분들이 17년 동안 겪은 일들을 듣게 되었습니다. 선교사님 부부는 사람의 언어로는 형언할 수 없는 고통과 고난을 겪었습니다. 그래서 저는 그 이야기를 들으며 숨이 막혔습니다. '어떻게 그런 일들을 겪고도 버텨낼 수 있었을까' 하는 마음이 들었습니다. 그런 일들 중에서도 그분들에게 가장 고통스러웠던 기억은, 아들이 실종되었다가 시체로 돌아온 일이었습니다. 그것도 못 찾을 뻔하다가 천신만고 끝에, 은혜로 시신이나마 찾은 것입니다. 아들이 실종된 이유는 뺑소니 사고 때문이었습니다. 얼마나 큰 충격이었을까요? 그로 인해 선교사님 부부는 짐 보따리를 쌌다가 풀기를 반복했다고 합니다. 그런데 평소에 그 아들이 자기도 선교사가 되겠다고 입버릇처럼 얘기했다고 합니다. 그래서 이방 땅에서 선교사의 아들로 태어나 숨진 아들을 잊지 못해, 그 아들의 유지를 받들어 다시 보따리를 풀고 그 학교를 일구었다고 했습니다.

그 이야기를 들은 후 그곳을 떠날 때, 저는 선교사님에게 마지막 질문을 했습니다. "선교사님, 어떻게 이런 엄청난 일을 견뎌내셨습니까?" 그리고 이어진 선교사님의 말이 참 오랫동안 마음에 남았습니다. "이스라엘 백성들이 혹독한 광야를 지나는 동안 매일 눈을 떠서 아침을 맞을 때마다 어떤 기분이었을지 알 수 있는 시간이었습니다."

그렇습니다. 보통 우리가 알고 있는 아침의 이미지는 신선하고 기대에 찬 희망의 느낌이 듭니다. 그러나 선교사님이 말한 아침은 그런 관점이 아닙니다. 아침이 밝았고 지금 우리 눈앞에는 광야가 펼쳐져 있다고 생각해봅시다. 이백만에 가까운 인파가 어떤 생산물도 얻을 수 없는 공간에 던져졌습니다. 백성들은 매일 아침을 맞을 때마다 어떤 마음이었을까요? 절실하고 절박했을 것입니다. 왜냐하면 바라볼 곳이 하늘밖에 없었기 때문입니다. 어제 내렸던 만나가 과연 오늘도 내릴지 모릅니다. 이런 상황은 선교사님이 했던 말 그대로입니다. '어제 도와주셨던 하나님이 오늘 이 하루도 도와주실까?'라고 생각하게 합니다. 그렇기에 그 마음은 절박하고 절실할 수밖에 없습니다.

잠언 30장 8절에 보면 이런 기록이 있습니다. "곧 헛된 것과 거짓말을 내게서 멀리 하옵시며 나를 가난하게도 마옵시고 부하게도 마옵시고 오직 필요한 양식으로 나를 먹이시옵소서." 아굴의 기도입니다. 여기서는 일용할 양식을 필요한 양식으로 표현했습니다. 우리에게 가장 필요한 양식은 어떤 의미에서 일용할 양식이라는 것입니다. 하루분의 양식입니다. 왜냐하면 인간은 넘치고 남으면 죄를 짓는 어쩔 수 없는 존재이기 때문입니다. 그런데 반대로 모자라도 죄를 짓습니다. 그래서 우리에게 가장 부요한 양식의 분량은 일용할 양식입니다. 그 길만이 매 순간 하나님의 은혜와 붙어살 수 있는 조건입니다.

우리에게

출애굽기 16장 16절은 이렇게 말씀합니다. "여호와께서 이같이 명령하시기를 너희 각 사람은 먹을 만큼만 이것을 거둘지니 곧 너희 사람 수효대로 한 사람에 한 오멜씩 거두되 각 사람이 그의 장막에 있는 자들을 위하여 거둘지니라 하셨느니라."

한 오멜은 2리터 분량의 가치를 말합니다. 그런데 하나님께서 "거두되 각 사람이 그의 장막에 있는 자들을 위하여 거둘지니라"라고 하십니다. 이 구절에는 우리가 흘깃 놓치고 지나갈 수 있는 표현 하나가 감춰져 있습니다.

사람들은 매일 만나를 거두러 장막 밖으로 나갔을 것입니다. 그런데 그 사람들은 누구의 몫까지 거두어야 합니까? 장막에 있는 사람들입니다. 그렇다면 장막에 있는 사람들은 누구입니까? 신체적인 조건이나 여러 가지 형편이 안 되는, 거두러 나가지 못한 사람들입니다.

어떤 역사든, 어떤 사회의 구성원이든 이런 부류의 집단은 항상 우리 곁에 이웃으로 있습니다. 그런데 중요한 것은 성경이 노동력이 있는 사람들에게 그 사람들의 몫까지 거두라고 말씀합니다. 그러므로 "오늘 우리에게 일용할 양식을 주시옵고"에서 중요한 점은 일용할 양식도 있지만, 우리에게 일용할 양식인 것입니다. '우리'라고 하는 복수의 표현이 중요합니다.

일용할

세상은 타락 이후 제일 먼저 분배의 문제가 깨졌습니다. 그리고 지금 이 시대는 99대 1의 분배가 이루어집니다. 상위 8명의 부자가 36억 명의 사람들이 가지고 있는 물질보다 더 많이 가지고 있습니다. 무언가 단단히 잘못됐습니다.

저는 사회주의자도 아니고 자본주의를 인정합니다. 그런데 자본주의, 시장경제가 가진 약점은 없을까요? 그렇지 않습니다. 그러므로 우리는 시장경제의 논리나 자본주의를 너무 신봉해서는 안 됩니다. 또한 시장경제와 자본주의를 넘어서 여기에 기독교 가치의 윤리가 얹어지지 않으면 인류의 문제는 해결되지 않습니다. 시장경제와 자본주의 논리만 남을 때, 우리는 그것을 천민자본주의라고 합니다. "내가 내 돈 벌어서 마음대로 하는데 네가 무슨 참견이야"라는 식이 되는 것입니다. 분배가 없고 나눔이 없는 시장경제, 자본주의는 굉장히 혹독한 것입니다. 그래서 99대 1의 분배가 벌어지는 것입니다.

요즘은 세계 어느 나라를 가도 청년들의 빵의 문제, 즉 실업률이 심각합니다. 그런데 청년들이 조심해서 들여다봐야 할 것은, 그것을 전부 개인의 약한 문제로 취급해서는 안 된다는 것입니다. "내가 지방대학을 나와서, 스펙이 부족해서, 공부를 못해서 취직이 안 된다"는 생각은 잘못된 시각입니다. 지금 세상의 구조가 가진 자들은 더 가지게 되고, 못 가진 자는 더 망하게 되는 자본주의 논리에 깊숙이 들어가 있는 심각한 상태이기 때문입니다. 시스템적인 문제와 제도적인 문제가 어쩌면 더 심각한 문제일 수 있습니다. 그것을 자꾸 자괴감으로 끌고 가선 안 됩니다. 그것은 개인적인 문제가 아닙니다. 그렇다면 성경은 이에 대해 어떻게 이야기합니까? "이스라엘 자손이 그같이 하였더니 그 거둔 것이 많기도 하고 적기도 하나"(출 16:17).

당연히 노동력이 더 좋은 사람은 많이 거두었을 것이고, 덜한 사람은 적게 거두었을 것입니다. 그런데 18절은 "오멜로 되어 본즉 많이 거둔 자도 남음이 없고 적게 거둔 자도 부족함이 없이 각 사람은 먹을 만큼만 거두었더라"라고 합니다. 이것이 어떻게 가능합니까? 또한 왜 많이 거둔 자는 남는 것이 없고 적게 거둔 자도 부족한 것이 없을까요? 이것은 한 가지 방법으로 가능합니다. 이 공동체는 이미 많이 거둔 자, 노동력이 좋은 자가 연약한 자들에게 분배하고 나눈 것입니다. 그래서 19절에 보면 "모세가 그들에게 이르기를 아무든지 아침까지 그것을 남겨두지 말라 하였으나"라고 말합니다.

모세는 분명 그것을 쌓아두지 말라고 했습니다. 왜냐하면 내일 또 하나님의 새로운 은혜가 내릴 것이기 때문입니다. 그러나 그럼에도 불구하고 남긴 사람들이 있었습니다. 이처럼 잉여물을 주머니에 차는 동물은 인간밖에 없습니다. 예를 들어, 개들이 밥을 먹다가 배가 불러서 밥그릇에 식량을 남기면 그것을 개집 뒤쪽에다 숨겨두고 '요건 내일 아침에 먹어야지'라고 할까요? 짐승들은 배가 차면 그것으로 나머지 물질에 대해 자유합니다. 더 이상 욕심을 갖지 않습니다. 인간만이 탐욕이라는 죄 때문에 딴 주머니에 잉여물을 자꾸 쌓아둡니다. 그래서 이 세상의 구조가 자꾸 무너지는 것이고 비틀려지는 것입니다.

"그들이 모세에게 순종하지 아니하고 더러는 아침까지 두었더니 벌레가 생기고 냄새가 난지라 모세가 그들에게 노하니라"(출 16:20). 이 구절은 참 재미있는 해학적 본문입니다. 이스라엘 백성들은 내일 쓰기 위해 양식을 남겼습니다. 그런데 그들이 궁리하여 준비해 놓은 양식은 내일 썩을 양식이 돼버리고 말았습니다. 그것은 결국 남는 음식이 아니었습니다.

또 27절에 보면 "일곱째 날에 백성 중 어떤 사람들이 거두러 나갔다가 얻지 못하니라"라고 말씀합니다. 전날에 갑절을 주셨다는 것은 내일 양식을 주신 것입니다. 그런데 7일째 되는 날에 '또 안 오나' 하고 기어코 벌판으로 나가는 사람들이 있었습니다. 이것은 믿음이 좋은 게 아니라 불신입니다. 오늘의 양식으로 만족하지 않았다는 것입니다. 전부 인간의 탐욕에서 벌어지는 일들입니다.

자녀로서 아버지를 만나는 우리

마태복음 기자는 주기도문에 대해 설명하다가 이야기를 확대합니다. "그러므로 내가 너희에게 이르노니 목숨을 위하여 무엇을 먹을까 무엇을 마실까 몸을 위하여 무엇을 입을까 염려하지 말라 목숨이 음식보다 중하지 아니하며 몸이 의복보다 중하지 아니하냐 공중의 새를 보라 심지도 않고 거두지도 않고 창고에 모아들이지도 아니하되 너희 하늘 아버지께서 기르시나니 너희는 이것들보다 귀하지 아니하냐 너희 중에 누가 염려함으로 그 키를 한 자라도 더할 수 있겠느냐 또 너희가 어찌 의복을 위하여 염려하느냐 들의 백합화가 어떻게 자라는가 생각하여 보라 수고도 아니하고 길쌈도 아니하느니라"(마 6:25-28).

예수님은 목숨을 위하여 무엇을 먹을까, 무엇을 마실까, 몸을 위하여 무엇을 입을까 염려하지 말라고 하십니다. 의복을 위하여도 염려하지 말라고 하십니다. 또한 31절에서도 "그러므로 염려하여 이르기를 무엇을 먹을까 무엇을 마실까 무엇을 입을까 하지 말라"고 하십니다.

예수님은 주기도문을 알려주시면서 그 끝에 세 가지를 염려하지 말라고 하셨습니다. 여기서 말하는 염려의 정확한 의미는 '나누이는 마음'입니다. 나누이는 마음은 무엇입니까? 하나님께서 은혜를 주신다는 것은 알지만, 그것만 가지고는 뭔가 찜찜해서 자기 궁리를 위해 고민하는 태도를 이야기하는 것입니다. 그러면 마음이 나누어집니다. 이것은 주님만 온전히 바라는 데서 떨어지는 것입니다. 다른 한쪽도 궁리를 갖는 것입니다. 우리는 보통 이것을 불신이라고 합니다. 우리의 존재는 설계 자체가 주님만 바라며 그 안에서 참된 안식을 찾도록 되어 있었습니다. 그런데 염려함으로 마음이 나누이게 되었습니다.

이 이야기는 여기서 끝나지 않습니다. 26절에 "공중의 새를 보라 심지도 않고 거두지도 않고 창고에 모아들이지도 아

송태근 목사의 기도학당

니하되 너희 하늘 아버지께서 기르시나니 너희는 이것들보다 귀하지 아니하냐"라고 말씀합니다. 공중의 새를 보라는 것은 시각적인 의미로 보라는 것이 아닙니다. '생각을 하라'는 뜻입니다. 새들에게는 하나님이 창조주이시지만, 우리에게는 그 창조주가 아버지시라는 것입니다.

그뿐만이 아닙니다. "이는 다 이방인들이 구하는 것이라 너희 하늘 아버지께서 이 모든 것이 너희에게 있어야 할 줄을 아시느니라"(마 6:32). 이방인과 아버지가 등장합니다. 여기서 말하는 이방인은 혈통적 개념의 다른 민족을 말하는 것이 아닙니다. 아버지가 없는 사람, 하나님을 아버지로 만나지 못한 모든 존재를 이방인이라고 말합니다. 그래서 이방인은 자기 인생을 자기가 책임질 수밖에 없는 삶의 패턴을 가지고 살아갑니다. 그러나 하나님을 아버지로 둔 사람은 그분을 자녀의 신분으로 만납니다.

아버지는 언제나 아버지셨습니다. 한 번도 우리에게 변질되거나 변하신 적이 없습니다. 문제는 우리입니다. 조금 형편이 잘 돌아갈 때는 하나님 아버시였다가, 조금 아닌 것 같으면 아저씨로 변했다가 하면서 왔다 갔다 합니다.

여기서 중요한 것은 그분은 늘 아버지셨다는 사실입니다. 문제는 우리가 그분께 우리 삶의 모든 양식에 대해 자녀로서 나아가고 있는가 하는 것입니다. 여기서 양식이라는 것은 넓은 의미와 좁은 의미가 있습니다. 넓은 의미는 꼭 물질적인 빵의 문제만이 아니고 우리가 살아가는 모든 필요를 말합니다. 반면에 좁은 의미는 말 그대로 우리의 육신적인 허기를 물리적으로 채워줄 수 있는 것을 말합니다. 아버지도 중요하지만 우리 자신을 그분의 자녀로 정의하고 있는지가 중요한 과제입니다.

하나님 앞에 나아갈 때, 우리는 자녀의 신분으로 그분을 만나고 있습니까? 자식을 키우다 보면 아이들은 아버지에게 와서 작은 일부터 큰일까지 미주알고주알 징징거리기도 하고, 또 이것도 해달라고 하고 저것도 필요하다고 합니다. 그러면 아버지는 어떤 마음이 듭니까? 물론 짜증스러울 때도 있을 수 있습니다.

그렇다면 뒤집어서 생각해봅시다. 자식이 아버지에게 오지 않고 옆집 아저씨에게 가서 필요를 이야기하고 있다면 기분이 유쾌할까요? 그렇지 않습니다. 그래서 자녀들이 아버지를 찾아가 징징거리고 떼를 쓰며 맡겨놓은 돈을 찾는 것처럼 할 때, 감격할 줄 아는 아버지가 믿음이 좋은 아버지입니다. 이처럼 시각을 바꾸면 짜증은 즐거움이 됩니다. "네가 나를 아버지라 생각하는구나. 네가 내 아들이 맞지. 내 앞에 나와서 작은 것부터 큰 것까지 구하는 게 당연하지."

예수님도 어린 아이를 세우시고 천국은 이런 자의 것이라고 말씀하셨습니다. 어린 아이가 갖는 속성은 하나부터 백까지 철저히 의존적입니다. 그런데 천국은 이런 자의 것이라고 하십니다. 의존적인 자의 것입니다. 어린 아이는 그 의존이 끊어지면 살 수 없습니다.

나누는 우리

주기도문에서 '오늘 우리에게 일용할 양식을 구하는 기도'는 개인의 문제에서부터 인류의 공익에 관한 문제까지를 포함하기 때문에 절대 쉬운 기도가 아닙니다. 그렇기에 적어도 이 기도를 하나님 앞에 드릴 수 있으려면 우리에게 일용할 양식을 달라는 기도 속에 "내가 그렇게 나누는 삶을 살겠습니다, 약한 자들의 몫까지 책임을 가지고 살겠습니다"라는 고백이 담겨 있어야 합니다.

예전에는 한때 교황이 왕을 임명하던 절대 권력의 시대도 있었습니다. 중세시내에 그 전성기를 구가했던 교황이 이노센트 3세입니다. 교회사에는 그와 관련한 유명한 일화가 있습니다. 그는 토마스 아퀴나스(Thomas Aquinas)라는 신학자와 함께 교회 창밖 너머에 정문으로 실려 들어오는 으리으리한 헌금과 금은보화를 바라보면서 이렇게 이야기했다고 합니다. "이제 교회는 '은과 금은 내게 없거니와'라는 시대는 지나갔소. 동시에 '나사렛 예수 그리스도의 이름으로 일어나 걸으라'는 시대도 지나갈 것이오." 그리고 이 세상은 그의 말대로 이루어지고 있습니다. 이 시대의 한국교회는 어느새 힘을 갖게 되었습니다. 그러나 나사렛 예수의 이름은 사라졌습니다. 그렇다면 이 문제를 영원히 해결할 수 있는 방법은 무엇일까요? 그것은 이제 한국교회가 하나님의 관심을 따라, 예수님의 시선을 좇아 모든 것을 나누는 데 집중해야 하는 것입니다. 그것만이 한국교회의 실추된 아픔을 회복하고 예수님의 마음을 회복할 수 있습니다.

이 땅의 한편에서는 전쟁 비용을 위해 수억 달러가 쏟아져나가고 있고, 다른 한편에서는 수백 명의 아이들이 먹지 못해서 굶주려가고 있습니다. 무언가 단단히 잘못되었습니다. 그런데 전쟁은 빵을 위해 한다고 합니다. 빵의 문제를 쟁취하기 위해 싸우는 전쟁입니다.

그렇다면 이런 가운데 우리는 거시적인 안목을 가지고 그리스도인으로서 어떻게 해야 합니까? 마가복음 6장 34절에 보면, 빈 들판에 저녁 해가 질 무렵이 되었는데 그곳에는 허기진 백성 수만 명이 앉아있었습니다. 그리고 성경은 "예수께서… 불쌍히 여기사"라고 말씀합니다. '불쌍히 여기다'라는 말은 창자가 끊어지는 아픔을 뜻합니다. 그때 예수님께서 말씀하십니

송태근 목사의 기도학당

다. "너희가 먹을 것을 주라"(막 6:37). 여기서 '너희'는 제자 공동체를 가리키는데, 이는 신약 교회의 모판이 되는 공동체입니다. 그러자 제자들은 잽싸게 주판을 두드립니다. 그리고 한 제자가 말합니다. "선생님, 이곳에 있는 사람들을 모두 먹이려면 이백 데나리온이 필요합니다. 그리고 돈이 있다 해도 지금은 그 빵을 먹일 수 없습니다."

그 후 예수님은 요한복음 6장 49~51절에서 청중들을 향해 말씀하시며 아주 중요한 메시지를 주십니다. "너희 조상들은 광야에서 내리는 만나를 먹고도 다시 굶주렸지만, 내가 주는 양식을 먹는 자는 영원히 굶주리지 않을 것이다. 내가 하늘로부터 내려오는 양식이다." 그렇습니다. 예수님이 양식이셨습니다. 예수님은 영의 양식과 육의 양식을 동시에 말씀하신 것입니다. 이와 마찬가지로, 하나님께서는 무너진 엘리야를 회복하여 일으키실 때 "더 기도해야 돼, 말씀 읽었어?"라고 하지 않으셨습니다. 재우시고 먹이시고 물을 먹이시며 육의 필요를 채워주셨습니다.

선교라는 것은 빵을 주는 순종입니다. 영의 빵과 육의 빵이 같이 가는 것입니다. 한국교회와 우리 각 사람은 이 말씀에 순종해야 합니다. 예수님은 자신을 가리켜 그 일을 위해 오셨다고 말씀하시면서, 성찬식 때 무엇을 가르쳐주셨습니까? "이것은 너희를 위하여 흘리는 내 피요 너희를 위하여 찢어주는 내 몸이다." 그리고는 떡을 떼어주셨습니다. 떼어줬다는 것은 자신을 부서뜨려 나눠줬다는 뜻입니다. 나눈 것을 나눌 수는 없습니다. 나눈다는 것은 아픔을 감내하면서 나눌 때 진짜 나눔이 되는 것입니다.

이 귀한 예수님의 가르침이 우리가 땅 끝에서 주님을 만나는 그 순간까지 흔쾌하게 순종할 수 있는 간청이 되기를 바랍니다. 많은 사람을 함께 먹여 살릴 수 있는 우리가 될 수 있기를 축복합니다.

✳ 기도

오늘 우리에게 일용할 양식을 주옵소서.

주님, 우리는 이 기도가 쉬운 기도가 아님을 다시 한번 확인했습니다. 그럼에도 불구하고 이 간구대로 살기를 원합니다. 분배하고 나누는 삶에 순종하게 하시고, 그렇게 살 수 있도록 오늘 우리에게 필요한 양식을 주옵소서.

예수님의 이름으로 기도드립니다. 아멘.

✳ **Remind Note** ✳

읽은 내용을 기억하며 밑줄에 나의 생각을 정리해 봅시다.

1. 나에게 오늘은

2. 은혜는

3. 내가 만족을 느끼는 때는

4. 나눔은

그래서 우리에게
가장 부요한 양식의 분량은
일용할 양식입니다.
그 길만이 매 순간
하나님의 은혜와 붙어살 수 있는
조건입니다.

7장

용서

우리가 우리에게 죄 지은 자를 사하여 준 것 같이
우리 죄를 사하여 주시옵고

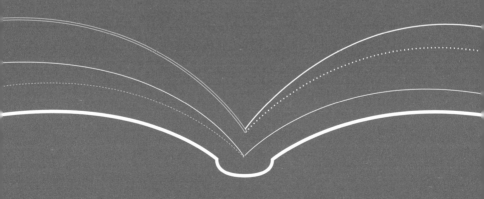

마태복음 6장 9~13절

그러므로 너희는 이렇게 기도하라

하늘에 계신 우리 아버지여

이름이 거룩히 여김을 받으시오며

나라가 임하시오며

뜻이 하늘에서 이루어진 것 같이
땅에서도 이루어지이다

오늘 우리에게 일용할 양식을 주시옵고

우리가 우리에게 죄 지은 자를 사하여 준 것 같이
우리 죄를 사하여 주시옵고

우리를 시험에 들게 하지 마시옵고
다만 악에서 구하시옵소서

(나라와 권세와 영광이
아버지께 영원히 있사옵나이다 아멘)

우리에게 참 불편하고 어려운 것이 용서입니다. 저도 설교자로서 이 주제를 설교하기가 무척 곤혹스러울 정도로 쉽지 않습니다. 또한 어디까지가 용서이고 무엇이 용서인지 사람마다 그 기준도 모두 다릅니다. 그렇기에 우리는 주기도문의 가르침을 따라 용서의 문제를 어떻게 풀어갈 것인가에 대해 생각해보아야 합니다.

인생은 한번 뿐이고 짧은 시간이지만, 용서의 주제를 비껴갈 인생은 아무도 없습니다. 그래서 일용할 양식만큼 우리 생존에 가장 공감할 수 있는 주제이기도 합니다.

우리는 용서라는 주제를 가지고 만든 여러 작품을 볼 수 있는데, 그중에 다큐멘터리 형식으로 된 〈용서〉라는 제목의 영화가 있습니다. 이 영화는 팔레스타인 인근의 종교 분쟁, 그리고 종교 간의 화해를 다룬 내용입니다. 또한 사람들에게 많이 알려진 〈밀양〉이라는 영화도 있습니다. 이 영화의 주인공은 남편을 잃은 후 어린 아들을 데리고 남편의 고향으로 내려갑니다. 그 남편은 사실 가정적으로 성실하지 못했습니다. 그런데 주인공이 어떤 고집을 가지고 내려갔다가 더 큰 비극을 당하게 되는 내용입니다. 또 하나는 제게 큰 인상을 남긴 〈오늘〉이라는 영화입니다. 이 영화는 우리가 일반적으로 하는, 그러나 대책 없는 자비를 근거로 하는 '용서하라'는 말이 얼마나 위험한가에 대해 이야기합니다. 가해자도, 피해자도 얼마나 병들게 하는지를 아주 섬세하게 다뤘습니다.

주기도문은 예수님을 믿지 않는 불신자에게 가르치신 것이 아니라 1차적으로 제자 공동체에 가르치신 것입니다. 그리고 제자 공동체는 오늘날의 교회 구성원들을 말합니다. 믿는 자들이 대상이라는 뜻입니다. 이러한 공동체의 성격을 가지다 보니 이 안에서 서로 부딪히며 많은 범죄도 일어나고 갈등도 생깁니다. 그때 그 상황에서 용서할 수 있는 로드맵이 주기도문에 설명되어 있습니다. 그것은 바로 일대일로 만나는 것입니다. 일대일로 만나서 그 사람이 잘못한 내용에 대해 정확히 가르쳐 주는 것입니다. 그리고 뼛속 깊이 반성하도록 깨우쳐 주는 것입니다.

앞서 소개한 〈오늘〉이라는 영화를 보면, 주인공의 약혼자가 한 고등학생에 의해 죽습니다. 그런데 그녀는 신앙을 가지고 있었기에 그 학생의 미래를 생각해서 용서합니다. 이후 그녀는 그 일을 계기로 인생에 큰 변화를 맞이합니다. 그래서 용서의 현장, 용서의 사람들을 찾아다니며 인터뷰를 하고 다큐를 만듭니다. 그러던 어느 날, 그녀는 끔찍한 이야기를 듣게 됩니다. 자기가 조건 없이 용서했던 그 아이가 다시 사람을 죽였다는 것입니다. 그러면서 그녀는 형사와 마주앉게 되는데, 그때 형사가 이렇게 말합니다. "에이, 대책 없는 용서는 죄악입니다."

저는 이 말이 와닿았습니다. 정말 대책 없는 용서는 죄악입니다. 하나님께서 우리를 용서하실 때 "그냥 없던 걸로 하자, 손 털고 없던 일로 해줄게"라고 대책 없이 용서하셨습니까? 그렇지 않습니다. 마찬가지로 우리는 처벌과 용서를 구분해야 합니다. 용서가 처벌까지 면제해주어서는 안 됩니다.

그 후 주인공은 완전히 달라집니다. 눈빛도 삶의 방향도 달라집니다. "내가 뭔가 큰 실수를 했구나, 그 아이를 다시 범죄의 구렁텅이에 밀어 넣은 것은 나의 대책 없는 자비였구나, 흐물흐물한 자비였구나"를 알게 됩니다.

기독교의 기초는 자비입니다. 그러나 그것은 대안이 없고 대책이 없는 자비가 아닙니다. 그래서 예수 그리스도께서 이 땅에 오신 것입니다. 우리의 죗값을 없이 하기 위하여 그 대책으로 십자가에 자신을 속죄물로 드리신 것입니다. 이처럼 우리의 용서와 구원은 예수님께서 값을 지불하셨습니다. 구원은 절대 공짜가 아닙니다.

용서의 이유

마태복음 18장에 보면 예수님의 말씀에 베드로가 메시지 하나를 드러냅니다. "그때에 베드로가 나아와 이르되 주여 형제가 내게 죄를 범하면 몇 번이나 용서하여 주리이까 일곱 번까지 하오리이까"(마 18:21).

이 당시 사회 분위기 속에는 삼진아웃 제도가 있었습니다. 사람의 과실에 대해 세 번까지는 용서해야 의로운 사람이라고 인정되었습니다. 그래서 모든 종교인과 율법사는 내키지 않아도 세 번까지는 용서했습니다. 이것은 결국 자기 의를 숨긴 용서였습니다. 이렇듯 우리가 하는 용서에도 자기 의가 기초가 된 용서가 많습니다. 〈오늘〉이라는 영화에는 이런 대사가 나옵니다. "용서란 증오와 미움을 제거하는 것이 아니다. 그냥 가장자리로 밀어내는 것이다." 참 공감이 되는 말입니다.

한편, 베드로의 질문에 대해 예수님께서 꺼내신 대답은 이러했습니다. "예수께서 이르시되 네게 이르노니 일곱 번뿐 아니라 일곱 번을 일흔 번까지라도 할지니라"(마 18:22).

이것은 우리에게 이렇게 용서하라고 하신 말씀이 아닙니다. 우리가 할 수 없음을 말씀하신 것입니다. 우리는 어중간하게 살다 보니까 용서 안 되는 일이 있습니다. 또 용서할 수 없는 경우도 생깁니다. 예수님을 믿어도 다 용서되지 않습니다. 비근한 예로, 예전에 어떤 사람이 시끄럽다는 이유로 공중에 매달려 일곱 명의 가족 생계를 책임지며 페인트칠 하던 착한 서민의 밧줄을 칼로 잘라버린 사건이 있었습니다. 저는 그 사람이 용서되지 않습니다. 그러나 사실, 용서라는 말은 제삼자가 하는 말이 아닙니다. 겪어보지 않고 당해보지 않았는데 어떻게 옆에서 용서하라고 할 수 있겠습니까? 그것은 제삼자가 할 수 있는 말이 아닙니다. 그런데 이 사회는 어쩌다 보니 대책 없는 자비로 용서를 권하는 사회가 되었습니다.

세상에는 용서할 수 없는 일들이 있습니다. 그런데 그것을 일부러 노력하면 그 용서는 자기 의가 기초가 되고, 율법주의적인 용서가 됩니다. 그렇기에 용서는 떠밀려 나가야 합니다. 그냥 두어야 합니다. 용서가 숙성되도록, 은혜의 물이 흘러 들어와서 용서가 그냥 떠밀려 나가도록 두어야 하는 것입니다. 그런데 자꾸 왜 용서하라고 할까요? 왜 자기가 겪은 일도 아닌데 함부로 이야기하는 걸까요?

용서는 결코 쉽게 할 수 있는, 제삼자가 할 수 있는 이야기가 아닙니다. 그래서 용서는 증오나 미움을 걷어내는 것이 아니라, 은혜의 물이 들어와서 떠밀어내는 일입니다. 그러니 그냥 그대로 두어야 합니다. 억지로 해선 안 됩니다. 그것은 우리 손에 있지 않습니다. 이에 관하여 예수님은 기가 막힌 예증을 알려주셨습니다. "그러므로 천국은 그 종들과 결산하려 하던 어떤 임금과 같으니 결산할 때에 만 달란트 빚진 자 하나를 데려오매 갚을 것이 없는지라"(마 18:23-25).

이 당시 일만 달란트는 도저히 갚을 수 없는 돈입니다. 국가 예산의 한 부분 정도 되는 액수입니다. 그런데 그것을 갚아야 할 대상이 종이었습니다. 그렇기에 종의 입장에서 이것은 천문학적인 숫자였습니다. 성경도 "갚을 것이 없는지라"라고 표현했습니다.

보통 세상에서는 빚을 갚을 수 없는 사람을 파산 맞은 사람이라고 합니다. 마찬가지로 우리의 존재는 그 자체가 파산됐습니다. 영적으로도 육적으로도 그렇습니다. 우리는 무능하고 부패한 사람입니다. 그 안에는 의지도 없고 의도 없습니다. 그런데 마태복음 18장 25절은 이렇게 말씀합니다. "갚을 것이 없는지라 주인이 명하여 그 몸과 아내와 자식들과 모든 소유를 다 팔아 갚게 하라 하니."

여기에는 세 종류의 인생이 등장합니다. 자기 몸, 아내, 자식들과 모든 소유입니다. 그것을 다 팔아서 갚게 하라고 하지만, 그래도 갚지 못합니다. 그렇다면 임금이 이 사실을 몰랐을까요? 아닙니다. 그가 갚을 수 없는 존재라는 것을 확인시켜 주기 위해 말한 것입니다.

아내와 자식은 자기 존재의 기반이고 확대입니다. 하지만 그것을 다 팔아도 안 됩니다. 그런데 그 다음에 놀라운 이야기가 나옵니다. "그 종이 엎드려 절하며 이르되 내게 참으소서 다 갚으리이다 하거늘"(마 18:26).

여기에 우리의 실체가 드러납니다. 이 종은 자기가 갚을 수 없다는 것을 모릅니다. 그런데 인간의 속내가 드러나는 것은, 그가 갚겠다고 고백하는 것입니다. 이것이 인간의 종교 심리입니다. 그렇게 해서 갚겠다고 합니다. 그것이 가능하다고 생각하는 것입니다. 우리는 이것을 자기 의라고 합니다. 그런데 임금이 이 종의 상황과 실체를 몰랐을까요? "그 종의 주인이 불쌍히 여겨"(마 18:27).

임금이 왜 종을 불쌍히 여겼는지 잘 생각해야 합니다. 왜 불쌍히 여겼을까요? 일만 달란트의 빚을 졌기 때문일까요? 갚을 수 없기 때문일까요? 아닙니다. 그 종의 실상을 보았기 때문입니다. "저 녀석이 아직도 자기가 갚을 수 있는 줄 아는 모양이구나." 주인의 자비에 운명을 걸면 좋았을 텐데 그것마저도 없는 것을 알았습니다. 자기 의가 아직 있어서 갚겠다고 하는 것을 알았습니다. 그래서 임금은 그 종을 불쌍히 여겨 빚을 탕감해주었습니다.

이것이 바로 우리를 향하신 하나님의 구원 근거입니다. 그리고 구원의 기초, 십자가의 기초는 하나님의 자비입니다. 그러나 그것은 잔인한 자비입니다. 우리를 구원하기 위해 아들을 십자가에 내어 거신 하나님의 잔인한 자비인 것입니다.

그 후 탕감받은 종은 집으로 돌아가다가 자기에게 백 데나리온을 빚진 채무자를 만납니다. 그러자 그가 채무자의 멱살을 잡습니다. 그런데 그 채무자 역시 형편이 안 되어 갚을 길이 없습니다. 그래서 탕감받은 종은 그를 감옥에 집어넣습니다. 이 사실을 알게 된 임금은 말합니다. "이에 주인이 그를 불러다가 말하되 악한 종아 네가 빌기에 내가 네 빚을 전부 탕감하여 주었거늘 내가 너를 불쌍히 여김과 같이 너도 네 동료를 불쌍히 여김이 마땅하지 아니하냐 하고"(마 18:32-33).

그리고는 이 종을 옥에 다시 집어넣습니다. 여기서 임금이 종을 붙잡아 다시 옥에 집어넣은 이유는 일만 달란트를 못 갚았기 때문이 아닙니다. 자비가 없었기 때문입니다.

이 이야기의 결론입니다. 우리는 일만 달란트를 갚을 수 없습니다. 수천 명의 죄를 용서한다고 해도 그 빚을 갚을 수 없는 존재가 우리입니다. 주님이 우리를 위해 죽으신 그 사랑에 비길 수 없습니다.

송태근 목사의 기도학당

그렇다면 "우리가 우리에게 죄 지은 자를 사하여 준 것 같이 우리 죄를 사하여 주시옵고"라는 기도는 왜 가르쳐 주셨을까요? 그것은 공동체를 향한 기도이기 때문입니다. 우리는 갚을 길이 없고 갚을 수도 없지만, 구원받은 사랑과 자비를 입은 하나님의 자녀로서 그분을 흉내 내고 그분을 따르며, 그 삶을 연습하자는 데 목적이 있는 것입니다. 그리고 이것이 오늘날의 교회 공동체가 하나님의 자녀 된 공동체로서 이 땅에 숨 쉬며 순례 길을 가는 동안 견고하게 훈련되고 순종해야 하는 일입니다.

교회의 핵심 가치는 자비입니다. 그런데 그 어떤 자비도 대책이 없거나 무개념의 자비는 아닙니다. 반드시 대가를 지불하는 자비입니다. 이것이 주님이 우리에게 가르쳐 주신 기도입니다. 그래서 양식이 우리의 몸을 지탱해 주는 개념이었다면, 용서는 우리의 영혼을 살찌게 하는 교회의 생존 근거입니다. 교회는 용서함과 용서받음을 먹고 자랍니다.

하나님 나라에는 두 종류의 죄인밖에 없습니다. 용서하는 죄인과 용서받는 죄인입니다. 우리에게 용서는 쉽지 않은 주제입니다. 그럼에도 불구하고 우리는 무한한 자비의 은혜를 입은 자로서 이 땅에서 벌어지는 수많은 문제에 다시 한번 그리스도의 자비를 억지로라도 흉내 낼 수 있어야 합니다. 또한 우리에게 그러한 은혜가 있기를 축복합니다.

✳ 기도

주님, 용서는 억지로 할 수 없습니다. 미움과 증오도 억지로 걷어낼 수 없습니다. 그렇기에 은혜의 물이 들어올 때까지 잠잠히 기다립니다. 성령께서 이끄시고 붙드셔야 용서도 관용도 가능함을 믿사오니 도와주옵소서.

주님이 나를 위해 십자가에서 탕감하신 그 모든 부채를 생각할 때, 우리는 흉내라도 내야 한다는 것을 배웠습니다. 주님, 그 목적지까지 우리로 가게 하시는 이유를 압니다. 제가 더디더라도 기다려 주십시오. 끝까지 붙들어 주십시오.

예수님의 이름으로 기도드립니다. 아멘.

읽은 내용을 기억하며 밑줄에 나의 생각을 정리해 봅시다.

1. 나는 용서가 _____

_____ .

2. 죄는 _____

_____ .

3. 자비란 _____

_____ .

4. 나라는 존재는 _____

_____ .

구원의 기초, 십자가의 기초는
하나님의 자비입니다.
그러나 그것은 잔인한 자비입니다.
우리를 구원하기 위해
아들을 십자가에 내어 거신
하나님의 잔인한 자비인 것입니다.

8장

유혹과 시험

우리를 시험에 들게 하지 마시옵고
다만 악에서 구하시옵소서

마태복음 6장 9~13절

그러므로 너희는 이렇게 기도하라

하늘에 계신 우리 아버지여
이름이 거룩히 여김을 받으시오며

나라가 임하시오며

뜻이 하늘에서 이루어진 것 같이
땅에서도 이루어지이다

오늘 우리에게 일용할 양식을 주시옵고

우리가 우리에게 죄 지은 자를 사하여 준 것 같이
우리 죄를 사하여 주시옵고

**우리를 시험에 들게 하지 마시옵고
다만 악에서 구하시옵소서**

(나라와 권세와 영광이 아버지께 영원히 있사옵나이다 아멘)

우리는 "우리를 시험에 들게 하지 마시옵고 다만 악에서 구하시옵소서"라는 문장에서 '시험'이라는 단어에 주목해야 합니다. 이 단어는 '페이라스모스'라고 되어 있는데, 히브리어로 '맛사'라는 말이 됩니다. 그런데 이 단어에는 이중적인 의미가 있습니다. 유혹이라고도 말할 수 있고, 시험이라고도 말할 수 있습니다. 그렇기에 우리는 의식 속에서 이 둘을 구분할 필요가 있는데, 주기도문에서 말하는 페이라스모스라는 단어는 유혹이라는 개념에 더 가깝습니다.

한번 생각해봅시다. 하나님께서는 우리를 시험하실까요, 시험하지 않으실까요? 시험하십니다. 성경에 대표적인 실례가 아브라함입니다. 아브라함이 가나안 땅에 들어가서 생활한지

꽤 시간이 흐른 때였습니다. 그때는 어느새 이삭도 조금 자란 시기였습니다. 우리가 알다시피 이삭은 아브라함이 어렵게 얻은 자식입니다. 그런데 어느 날 하나님께서 아브라함에게 날벼락 같은 시험을 치르십니다. "이삭을 바쳐라." 이건 말이 안 되는 일입니다. 이것은 시험입니다. 그러나 분명한 사실은, 이 시험은 유혹이 아닙니다. 하나님께서는 시험은 하시지만, 유혹은 하지 않으십니다.

하나님이 주시는 시험에는 두 가지 의미가 있습니다. 첫째, 신앙을 점검하는 차원입니다. 우리가 시험에 들었을 때, 그리고 그 시험 끝에 부수적으로 얻어지는 결론은 "아, 내 신앙이 이쯤 와 있구나" 또는 "이정도 밖에 안되는구나"입니다. 이렇듯 자기 스스로 점검되고 확인됩니다.

둘째, 교육 차원의 의미입니다. 우리나라에서는 대한민국 남자라면 모두 군 생활을 하게 됩니다. 짧게 혹은 길게 합니다. 그리고 군대에서 훈련을 받다 보면 어려운 것들이 있는데, 제 기억에는 세 가지 정도로 나눌 수 있습니다. 그중 제일 힘든 것이 선착순입니다. 그 다음은 구보입니다. 군대 구보는 20킬로 정도 되는 군장을 메고 뜨거운 태양 아래에서 쩍쩍 달라붙는 아스팔트길을 군화를 신고 걸어가야 합니다. 또 걷기만 하는 게 아닙니다. 뛰어야 합니다. 게다가 제가 군 생활을 할 때는 M1소총이라고 하는 미군이 쓰다 버리고 간 총이 있었습니다. 무게가 많이 나가는 그 총을 저처럼 작은 사람이 들고 뛰었습니다. 그리고 세 번째는 그것들을 메고 산악훈련을 하는 것입니다. 그래서 훈련받다 보면 가끔 "이러다가 죽을 수도 있겠다"라는 생각이 들었습니다. 무거운 것들을 메고 산에 오르면 허파가 나왔다가 들어갔다를 반복하는 것 같은 기분이었습니다. 그러나 이런 훈련들을 다 마칠 때쯤 되면, 우리 신체에는 변화가 생깁니다. 다리에 알이 배기고 근육이 씌워지며 심장이 무쇠같이 됩니다. 튼튼해지는 것입니다. 그래서 그 이후에는 어떤 격전이나 훈련도 넉넉히 여유롭게 소화할 수 있게 됩니다. 이것이 바로 시험이라는 훈련을 통과한 사람만이 얻을 수 있는 교훈이자, 유익입니다. 하나님은 이런 차원에서 하나님의 사랑하는 자녀들을 시험하실 수 있습니다.

시험의 이유

사실 시험에는 중요한 이유가 숨겨져 있습니다. 하나님께서는 왜 시험을 통해 우리를 온전하게 만드셔야 하는 걸까요? 그것은 죄악과 유혹이 가득한 세상 가운데 우리가 빛과 소금으로 살도록 말씀하시는 하나님의 시대적 명령이 담겨 있기 때문입니다. 하나님께서는 우리를 구원시키기 위한 목적으로만 부르신 것이 아닙니다. "너희는 이 땅에 빛이 되고 소금이 돼라. 그래서 더 힘겹고 더 연약한 자를 일으키고 세우며 격려하고 위로하여, 너희의 착한 행실과 너희의 선언적 경험을 통해 하나님께 영광을 돌리게 하라"는 것에 목적이 있는 것입니다. 우리는 스스로 겪어보지 않고 경험하지 않으면 절대 다른 사람을 격려하거나 진실 되게 위로할 수 없는 존재입니다.

예전에 어느 프로그램에서 그냥 보통 사람들, 어디서나 흔히 만날 수 있는 사람들이 등장하는 다큐멘터리를 본 적이 있습니다. 그 내용 중에는 강원도 두메산골에 사는 삼형제도 있었습니다. 촬영팀이 며칠 동안 그분들을 쫓아다니며 찍었는데 당시에 삼형제 중 제일 막내가 97세, 둘째가 100세, 제일 큰 형님이 106세였습니다. 아주 특별한 집안이었습니다. 그중에 제일 큰 형님인 106세 할아버지는 허리가 하나도 굽어지지 않고 꼿꼿했습니다. 눈이 오면 삽을 들고 나가서 눈을 치우셨습니다. 또 집안일도 하셨습니다. 촬영팀과 인터뷰를 하시는데 목소리도 쩌렁쩌렁했고 젊은이 못지않았습니다. 그뿐만이 아니었습니다. 외출할 때는 혹시 모를 위험에 대비해서 막대기를 들고 나가셨는데, 그것을 땅에 짚고 다니지 않고 휘저으면서 걸어가셨습니다. 또한 그 당시에 동네 옆에는 산도 있고 흐르는 구름도 있고 곡식도 많이 익어있었습니다. 그런데 그분이 그것들을 보면서 습관처럼 말씀하셨습니다. "다 지나가는 거지 뭐."

　그분은 예수님을 믿지 않았습니다. 그런데 막대기를 휘저으며 시골길을 걸으면서 자기도 모르게 입에서 튀어나오는 소리가 "다 지나가는 거지 뭐"입니다. 그것은 아마 이런 뜻일 것입니다. "죽을 것만 같은 괴로움도 온 세상을 얻은 황홀함도 다 지나가버리고 만다." 이렇듯 이 사실은 인간이 백 살쯤 살고 나서야 터득하게 되는 진리체계 같습니다.

　예수님은 천상에서 우리를 구원하신 것이 아니라 이 땅에 육신의 몸을 입고 오셨습니다. 그래서 히브리서 기자는 4장 15절에서 "우리에게 있는 대제사장은 우리의 연약함을 동정하지 못하실 이가 아니요 모든 일에 우리와 똑같이 시험을 받으신 이로되 죄는 없으시니라"라고 했습니다. 우리가 겪는 모든 눈물과 고난을 겪으셨기에 우리를 위로하실 수 있는 분이라고 말합니다.

악

하나님께서 우리를 시험하심으로 온전하게 하시는 가장 중요한 이유는, 우리가 이 땅에서 빛과 소금으로 살도록 하기 위함입니다. 그런데 문제는 주기도문에 나오는 시험이라는 단어가

유혹이라는 의미라는 것에 있습니다. 이에 대해 C.S. 루이스 (C.S. Lewis)는 '인간의 삶에 중요한 전제는 시험 투성이'라고 했습니다. 또 다른 말로는 '유혹 투성이를 전제해야 한다'고 했습니다.

그러면서 그는 악한 자, 사탄의 존재에 대해 두 극단을 조심해야 한다고 말했습니다. 첫째는 그리스도인들 가운데 사탄의 존재를 무시하는 사람들입니다. 그들은 "에이, 내가 예수 믿는데" 또는 "요즘 세상에 귀신이나 사탄이 어디 있어. 그런 건 없어"라고 말합니다. 사탄의 존재 자체를 부정하는 사람들이 더러 있습니다.

반대로 둘째는 사탄의 실체를 인정하는데, 그것이 너무 지나쳐서 주야로 사탄을 묵상하는 사람들입니다. 이것도 잘못된 것입니다. 극단으로 가다 보니 나중에는 그쪽에 하나의 신학 체계를 만들고 귀신론이라는 신학 체계 안에서 잘못된 이론을 가르치는 사람들이 있습니다. 그들은 이 땅의 모든 불합리가 귀신의 장난이라고 말합니다. 심하면 감기도 귀신 때문에 걸리는 것이고 연필을 깎다가 손을 베는 것도 귀신의 장난이며, 또 자기가 건강관리를 못해서 걸리는 병들도 전부 귀신에 책임을 떠넘깁니다. 이런 가운데 우리는 이 장에서 다루고 있는 악, 악한 자를 어떻게 보아야 할까요?

첫째, 귀신은 존재합니다. 에덴동산에서부터 계시록까지

는 전부 사탄의 왕국과 하나님 나라의 충돌입니다. 사탄은 에덴동산을 무너뜨림으로 이기는 듯 보였습니다. 그러나 하나님께서는 예수 그리스도를 통해 무너진 에덴동산을 회복하십니다. 그것이 요한계시록 마지막 장까지의 길고 길었던 인류 역사의 싸움입니다.

둘째, 우리는 그 사탄을 이길 수 없습니다. 사탄은 그 간계가 정말 뛰어납니다. 결코 녹록하거나 호락호락한 존재가 아닙니다. 그렇기 때문에 예수님이 오셔서 십자가 위에서 사탄의 머리를 부서뜨리신 것입니다. 고린도전서 9장 24절은 말씀합니다. "운동장에서 달음질하는 자들이 다 달릴지라도 오직 상을 받는 사람은 한 사람인 줄을 너희가 알지 못하느냐 너희도 상을 받도록 이와 같이 달음질하라."

이 말씀을 보면, 사람들이 운동장에서 달음질을 하는데 상은 한 명에게 준다고 합니다. 그런데 그 한 명이 되기란 하늘의 별따기입니다. 수많은 인류가 오고 갔고, 우리는 여기에 들어갈 확률이 거의 없습니다. 그렇다면 누가 그 한 명이 될 수 있을까요? 여기에 나오는 그 한 사람은 바로 그리스도이십니다. 왜 그렇습니까? 한 사람으로 말미암아 죄가 들어오고 한 사람으로 인해 그 죄가 소멸되었기 때문입니다. 그분은 십자가에서 최종적 승리를 이루셨습니다. 그렇다면 우리는 할 수 있는 일이 아무것도 없을까요? 그렇지 않습니다. 우리는 그리스도 안에서 그리스도를 바라보고 그리스도를 믿는 믿음의 경주를 해야 합니다. 그분이 이미 이루신 승리 속에 우리를 끼워주십니다.

유혹에 빠지는 이유

이제 유혹이 어떤 상황 속에서 벌어지는지, 그리고 우리는 그 유혹을 어떻게 극복할 수 있는지 알아보고자 합니다. 먼저 유혹이 벌어지는 상황을 살펴봅시다.

예수님은 시험을 받으셨습니다. 그런데 예수님이 시험을 받으실 때 상황은 어떠했습니까? 사십 주야를 허기지셨습니다. 그래서 우리는 흔히 예수님이 육체적으로 시험을 받을만한 연약함에 있었기 때문에 마귀가 시험했다고 생각합니다.

그러나 그렇지 않습니다. 마귀가 처음에 예수님께 들이밀었던 시험은 돌을 가지고 떡덩이를 만들라는 것이었습니다. 이것이 왜 예수님께 시험일까요? 배고프셨기 때문일까요? 아닙니다. 그것을 하실 수 있었기 때문입니다. 만약에 사탄이 우리에게 돌멩이를 갖다 놓고 "이걸로 떡덩이를 만들어 봐"라고 한다면 우리에게는 아무 시험이 안 됩니다. 왜냐하면 어차피 떡을 가지고도 떡을 못 만드는 것이 우리이기 때문입니다. 사탄은 항상 우리의 것을 빼앗아 감으로써 우리를 넘어뜨리는 자가 아닙니다. 할 수 있는 것으로 시험하는 자입니다. 이렇듯 예수님의 시험의 본질은 그분이 하실 수 있었기 때문에 시험이라는 것입니다.

다윗은 언제 넘어집니까? 그가 정점을 찍었을 때 넘어집니다. 모든 것이 최고의 정점을 찍었을 때 넘어졌습니다. 나라에 전쟁이 일어났을 때 이제 다윗이 직접 전쟁에 나가지 않아도 될 만큼 나라가 커졌습니다. 그래서 그는 출정하지 않았습니다. 궁전에 남아서 중동 특유의 시에스타(siesta), 낮잠을 자다가 저녁 무렵에 일어났습니다. 그런데 바람을 쐬려고 옥상을 거닐다가 못 볼 것을 보게 되었습니다. 부하 하나가 그 여인의 신분을 알아보니 가장 충성스러운 장군인 우리아의 아내였습니다. 여인의 정보도 알아냈습니다. 그러자 다윗은 어떤 태도를 취합니까? 또 어떻게 그것이 가능했을까요? 그가 모든 것을 할 수 있었기 때문입니다. 다윗이 넘어진 이유는 바로 그것 때문입니다.

사람은 시간이 남고 돈이 생기면 죄밖에 짓지 않습니다. 만약 그때 다윗의 위치가 졸병 수준이었다면 그 범죄를 꿈이나 꿀 수 있었을까요? 그렇지 않습니다. 언감생심, 상상하지도 못했을 일입니다. 게다가 그는 그 범죄를 은폐하기 위해 어떻게 합니까? 자기가 사용할 수 있는 권한을 이용하여 최고의 격

전지에 우리아를 배치합니다. 그리고 결국 우리아는 그곳에서 죽게 됩니다. 간음과 살인이 동시에 터진 사건입니다.

이뿐만이 아닙니다. 유혹은 항상 승리의 단 열매 끝에 사람의 의를 부추겨서 찾아옵니다. 사울이 왕이 된 후에 하나님께서 그에게 말씀하신 첫 번째 명령이 무엇입니까? "너는 가서 아말렉을 진멸하라." 그러자 그는 병력을 끌고 가서 대승을 거둡니다. 그런데 하나님께서는 그 전쟁을 명령하실 때, 아주 자세하게 말씀하셨습니다. "숨이 붙어있는 것은 모두 죽여라." 그러나 사울은 승리 후에 진멸해야 할 짐승들 가운데 살진 것들을 남겨두었습니다. 그리고 사무엘이 추궁했을 때, 그는 제사를 드릴 때 제물로 쓰려고 남겨뒀다고 대답합니다.

저는 사울의 대답이 진심이었다고 생각합니다. 그러나 문제는 그 진심입니다. 진심 때문에 신앙과 종교는 과잉됩니다. 사람이 언제 실수하고 넘어집니까? 잘할 때입니다. 사울도 잘하려고 했습니다. 그래서 신앙은 잘하는 것, 내가 잘하고 싶은 것이 중요한 게 아니라 하나님의 뜻대로 하는 것이 중요합니다. 어린 아이들도 집에서 사고를 많이 치는 때가 언제입니까? 부모님이 안 계실 때입니다. 부모님이 계시지 않을 때, 뭔가 좀 기특한 생각이 들어서 잘해보려고 할 때, 엉뚱한 일들을 많이 합니다.

이처럼 신앙은 과잉되고 과열됩니다. 그래서 항상 하나님의 온전하시고 선하신 뜻을 분별하는 것이 가장 중요합니다. 얼마나 열심히 하느냐가 중요한 것이 아니고 그 열심이 바른 방향성을 갖고 있는지가 더 중요하다는 말입니다. 그러나 열심이라는 덕목이 신앙생활 속에 무의미하다는 것은 아닙니다. 성경은 오히려 열심을 내라고 했습니다. 그런데 그 열심은 내 열심이 아니라 하나님께 집중하는 열망을 가리키는 것입니다.

사람은 언제 실수합니까? 잘될 때, 할 수 있을 때 유혹에 넘어집니다. 사탄은 고난과 환난과 핍박이라는 방법으로는 그리스도인들의 뿌리가 뽑히지 않는다는 것을 역사의 사례를 통해 잘 알고 있습니다. 교회는 피 흘림의 고난 속에서 박해를 받았지만, 결코 사라지지 않았습니다. 그렇기에 사탄이 항상 쓰는 전략 중에 하나가 바로 그리스도인들이 잘되게 함으로, 은혜를 받고 성공하게 함으로 넘어뜨리는 것입니다.

유혹과 시험을 이기는 방법

여기서 우리는 다섯 개의 성경 구절을 살펴보며 주기도문의 대장정을 마무리하고자 합니다. 먼저 첫 번째는 고린도전서 10장 13절입니다. "사람이 감당할 시험 밖에는 너희가 당한 것이 없나니 오직 하나님은 미쁘사 너희가 감당하지 못할 시험 당함을 허락하지 아니하시고 시험 당할 즈음에 또한 피할 길을 내사 너희로 능히 감당하게 하시느니라."

이 말씀은 바울이 이스라엘 공동체가 광야를 지날 때의 경험을 녹여 쓴 것입니다. 하나님께서는 이스라엘 백성들이 광야를 지날 때 많은 시험을 주셨습니다. 그렇다면 그들은 그 시험에 한 번이라도 성공한 적이 있었을까요? 한 번도 없었습니다. 늘 넘어졌습니다. 하나님께서 만나를 내리신 것도 그들이 그분의 말씀을 지키는지 안 지키는지 시험하시기 위함이었습니다. 하지만 지키지 못했습니다. 그런데 고린도전서 10장 13절에 보니 시험 당할 즈음에 또 피할 길을 내신다고 말합니다. 이 피할 길은 무엇입니까?

매 시험마다 실패하고 넘어짐으로 인해 그들의 의식과 시선은 오실 예수 그리스도께로 모아질 수밖에 없었습니다. "우리는 불능한 존재구나, 우리는 어찌할 수 없는 존재구나." 마찬가지입니다. 우리도 열 번 넘어져서 깨닫는 것이 무엇입니까? 우리는 또 넘어진다는 것입니다. 그것을 깨닫고 일어나는 것입니다. 이처럼 온 인류가 피할 길은 그리스도밖에 없습니다. 그래서 예수라는 이름을 가진 여호수아가 이스라엘 백성들을 이끌고 선두에 세워져서 가나안으로 들어가는 것입니다.

두 번째 성경 구절은 마태복음 26장 41절입니다. "시험에 들지 않게 깨어 기도하라 마음에는 원이로되 육신이 약하도다 하시고."

여기서 육신이 약하다는 말을 체력 부족의 문제로 이해하기는 어려워 보입니다. 오히려 육신이라는 존재로서 가진 제약이 마음의 소원을 가로막고 있다는 의미로 이해됩니다. 육신으로는 하나님의 선한 뜻을 이룰 수 없습니다.

성경에서 육신으로 상징된 종족이 있습니다. 바로 아말렉입니다. 모세가 이스라엘 백성들을 데리고 홍해를 건너서 광야에 첫발을 내디뎠을 때, 제일 먼저 맞닥뜨리고 시비를 걸어온 민족이 아말렉이었습니다. 그런데 아말렉은 홍해를 건넌 후에 만난 대적입니다. 홍해를 건넌 것과 건너지 않은 것의 차이는 무엇입니까? 홍해를 건넜다는 것은 그리스도의 보배로운 피로 구속함을 얻은 하나님의 자녀라는 뜻입니다. 그런 하나님의 자녀들에게 전쟁이 일어나고 싸움이 벌어진 것입니다.

내 안에는 아직도 옛사람의 희미한 그림자, 그리고 그것과 나누었던 정이 있습니다. 또 익숙함과 달콤함이 있습니다. 그래서 그 그림자를 잘라내지 못하고 떨쳐내지 못해서 계속 지분거립니다. 이러한 싸움은 매일 우리의 의식과 삶 속에서 일어나고 있습니다. 바로 이것이 아말렉이고 육체입니다. 사탄은 매우 정교하고 간교한 방식으로 우리의 정의로움을 건드려서 들어옵니다. 그렇기에 예수님은 우리에게 이것을 기도하라고 말씀하십니다.

세 번째 성경 구절은 에베소서 6장 11절입니다. "마귀의 간계를 능히 대적하기 위하여 하나님의 전신 갑주를 입으라."

하나님의 전신 갑주는 전쟁 도구이고 전투용 개념이기에 우리는 이것을 외부 적과의 격렬한 싸움으로만 이해하지만, 그렇지 않습니다. 하나님의 전신 갑주를 입으라는 것은 우리의 종합적인 인격과 덕목과 품성을 무장하라는 뜻입니다.

사탄이 우리에게 들어오는 대로가 있습니다. 그것은 바로 우리의 감정선을 건드려서 혈기를 터뜨리게 만드는 것입니다. 혈기는 사탄이 눈감고도 들어올 수 있을 정도로 아주 쉬운 길입니다. 그런데 대부분의 신자들이 하나님의 일을 하고 교회 봉사를 하면서도 이 문제에 걸립니다. 혈기를 통제하지 못해서 하나님의 일 자체가 깨집니다. 그래서 사탄은 항상 우리가 공동체 생활을 할 때, 그리고 일상을 살아갈 때 이 감정선을 헷갈리게 만듭니다.

교회 안에서도 문제는 일어날 수 있습니다. 그러나 그 문제가 벌어졌을 때 우리는 제일 먼저 굳은 생각을 하게 됩니다. '이것이 나한테 손해일까, 이익일까?' 하는 논리가 마음속에 들어옵니다. 그 다음에는 '내 편이냐, 상대편이냐' 하는 논리가 들어옵니다. 이 신념에 빠져서 우리는 감정선을 헷갈려할 때가 많습니다.

요셉도 하나님의 높으신 섭리를 보기 전까지, 자기는 언제나 피해자이고 형들은 언제나 가해자인줄 알았습니다. 그러나 하나님의 섭리에 눈이 열리자, 가해자와 피해자의 의미와 경계선이 무너졌습니다. 환난과 기근의 때에 생명을 구원하시려고 자신을 먼저 그곳에 보내셨음을 알게 된 것입니다. 전혀 다른 하나님의 의미에 눈을 떴습니다.

사탄은 우리가 감정선을 보지 못하게 만듭니다. 그리고 엉뚱한 싸움으로 몰고 갑니다. 바로 여기에 많은 교회가 넘어집니다. 그만큼 사탄은 간계하고 아주 치밀합니다. 그러므로 우리는 성품적으로도 하나님의 전신 갑주로 무장해야 합니다. 이 때문에 "너희 착한 행실을 보고 하늘에 계신 너희 아버지께 영광을 돌리게 하라"(마 5:16)라는 말씀을 주신 것입니다.

네 번째는 야고보서 1장 12절입니다. "시험을 참는 자는 복이 있나니 이는 시련을 견디어 낸 자가 주께서 자기를 사랑하는 자들에게 약속하신 생명의 면류관을 얻을 것이기 때문이라."

저는 이 말씀을 묵상하다가 깜짝 놀랐습니다. 그리고 아주 섬뜩한 은혜를 받았습니다. 저는 지금까지 시험을 참는 것이 저를 위한 것으로 알았습니다. 그런데 이 말씀을 잘 보면 "시험을 참는 자는 복이 있다. 주께서 자기를 사랑하는 자들에게 약속하신 생명의 면류관을 얻을 것이기 때문이다"라고 합니다.

주님께서는 시험을 참는 자를 자기를 사랑하는 자라고 계산하신다는 말씀입니다.

이것은 너무나 놀라운 말씀입니다. 지금까지 어중간하게 신앙생활을 해오면서 많은 시험을 견뎌내고 참았지만, 그것은 나를 위한 것이 아니었습니다. 하나님께서 계산에 넣어주시는 것이었습니다. 주께서 자기를 사랑하는 자들에게 약속하신 생명의 면류관을 얻을 것이기 때문입니다.

우리가 하나님께 일만을 탕감받은 존재, 그분의 갚을 수 없는 은혜로 탕감받은 존재라면 적어도 그 은혜를 주신, 사랑하는 하나님을 위해 시험을 참을 수 있지 않을까요? 이 정도의 사랑 고백과 표시를 해야 하지 않을까요? 또한 우리는 나 자신을 위해 시험을 참는 줄 알았습니다. 그런데 그것이 하나님의 시각에서는 하나님께 다 계산이 되고 있었던 것입니다. "너희가 나를 기뻐한 것이고 나를 위해 참은 것이다."

마지막으로 야고보서 4장 7절 말씀입니다. "그런즉 너희는 하나님께 복종할지어다 마귀를 대적하라 그리하면 너희를 피하리라."

여기서는 마귀를 대적하는 일과 하나님께 복종하는 일을 같이 두었습니다. 이것은 하나님께 복종하는 일이 곧 마귀를 대적하는 일이라는 말이 됩니다. 그렇다면 하나님께 복종한다는 말의 간단한 실례를 하나 생각해봅시다. 요셉은 보디발의 집에 종으로 끌려가서 종살이를 했습니다. 그때 그는 이십 대 청년이었습니다. 그런 그에게 날마다 불같은 시험이 있었습니다. 요염스러운 보디발의 아내가 그를 유혹한 것입니다. 그녀가 동침하자고 했습니다. 그런데 그때 요셉은 어떻게 말합니까? "그런즉 내가 어찌 이 큰 악을 행하여 하나님께 죄를 지으리이까"(창 39:9).

그렇습니다. 요셉의 시퍼런 시선은 항상 하나님의 통치 밑에 있었습니다. 그리고 이것이 마귀를 힘 있게 대적하는 일이었습니다.

우리가 하나님께 집중하고 그분만 사랑하는 열렬한 마음이 식어지지 않는다면, 마귀는 사각지대에 놓이게 됩니다. 보이지 않습니다. 그런데 자꾸 그쪽이 달콤하게 여겨지고, 자꾸 그쪽에 관심이 가다 보면 어중간한 상태에서 지척거리다가 넘어가게 되는 것입니다.

그러므로 우리 모두가 철저하게 하나님의 통치와 그분의 사랑 앞에 복종하길 바랍니다. 이를 통해 세상 가운데 승리하는 삶이 되기를 축복합니다.

✳ 기도

주님, 우리를 시험에 들게 하지 마옵소서. 머리 위로 날아가는 새와 같은 시험은 우리가 막을 수 없으나, 우리 머리에 앉아 둥지를 트는 것은 막아야 하고 막을 수 있습니다. 이미 그리스도께서 그 승리를 이뤄놓으셨기 때문입니다.

그 주님을 붙들고 주님을 사랑함으로, 하나님의 통치 밑에 내 시선과 인생을 두는 순종이 있게 하옵소서. 즐거운 사랑이 있도록 인도해 주옵소서.

예수님의 이름으로 기도드립니다. 아멘.

읽은 내용을 기억하며 밑줄에 나의 생각을 정리해 봅시다.

1. 하나님의 시험은 _____

_____ .

2. 내가 피하기 어려운 유혹은 _____

_____ .

3. 내가 잘하고 싶은 것은 _____

_____ .

4. 주님을 향한 순종을 위해 _____

_____ .

우리도 열 번 넘어져서
깨닫는 것이 무엇입니까?
우리는 또 넘어진다는 것입니다.
그것을 깨닫고 일어나는 것입니다.
이처럼 온 인류가 피할 길은
그리스도밖에 없습니다.

주기도문

하늘에 계신 우리 아버지여

이름이 거룩히 여김을 받으시오며

나라가 임하시오며

뜻이 하늘에서 이루어진 것 같이

땅에서도 이루어지이다

오늘 우리에게 일용할 양식을 주시옵고

우리가 우리에게 죄 지은 자를 사하여 준 것 같이

우리 죄를 사하여 주시옵고

우리를 시험에 들게 하지 마시옵고

다만 악에서 구하시옵소서

나라와 권세와 영광이 아버지께 영원히 있사옵나이다

아멘

국제제자훈련원은 건강한 교회를 꿈꾸는 목회의 동반자로서 제자 삼는 사역을 중심으로 성경적 목회 모델을 제시함으로 세계 교회를 섬기는 전문 사역 기관입니다.

송태근 목사의 기도학당

초판 1쇄 인쇄 2023년 10월 13일
초판 1쇄 발행 2023년 10월 23일

지은이 송태근

펴낸이 오정현
펴낸곳 국제제자훈련원
등록번호 제2013-000170호(2013년 9월 25일)
주소 서울시 서초구 효령로68길 98(서초동)
전화 02)3489-4300 **팩스** 02)3489-4329
이메일 dmipress@sarang.org

저작권자 (C) 송태근, 2023, Printed in Korea.
이 책은 저작권법에 의해 보호를 받는 저작물이므로 저자와 출판사의 허락 없이 내용의 일부를 인용하거나 발췌하는 것을 금합니다.

ISBN 978-89-5731-882-9 03230

※ 책값은 뒤표지에 있습니다. 잘못된 책은 구입하신 곳에서 교환해드립니다.